FAO中文出版计划项目丛书

权属治理技术指南10

权属权利记录的
改进指南

联合国粮食及农业组织　编著

李哲敏　张智广　任育锋　等　译

中国农业出版社
联合国粮食及农业组织
2021·北京

引用格式要求：

粮农组织和中国农业出版社。2021年。《权属权利记录的改进指南》（权属治理技术指南10）。中国北京。

16-CPP2020

本出版物原版为英文，即 *Improving ways to record tenure rights*，由联合国粮食及农业组织于2017年出版。此中文翻译由中国农业科学院农业信息研究所安排并对翻译的准确性及质量负全部责任。如有出入，应以英文原版为准。

ISBN 978-92-5-134695-2（粮农组织）
ISBN 978-7-109-28195-0（中国农业出版社）

FAO中文出版计划项目丛书

指导委员会

前 言
FOREWORD

　　2012年5月11日，世界粮食安全委员会批准了《国家粮食安全框架下土地、渔业及森林权属负责任治理自愿准则》（以下简称《准则》）。通过增强土地权利和公平地获得土地、渔业和森林资源，旨在为全球和世界各国消除饥饿和贫困作出贡献。

　　《准则》的第一项总则为要求各国承认并尊重所有合法权属权利人及其权利。它呼吁各国采取合理措施，无论是否有正式记录，都应当确认、记录和尊重合法权属权利所有人及其权利。记录权属权利（例如通过注册、地籍和许可系统）是识别和维护这些权利的重要方式。

　　本指南涉及权属权利的记录问题，特别是侧重于改善现有的权属权利记录方式。目前已有不少运行较好的权利记录体系，可以帮助权属所有人保证其权利及收益。但是也有许多体系没能很好运作，并且可能存在某些有意或无意设置的障碍，阻碍了人们使用该体系。本指南提供了关于如何改进现有权属权利记录方式的实用性建议，以便所有人不受歧视地获得记录体系所提供的权益和保护。

　　随本指南附有另一本侧重于记录权属权利不同方面的指南：权属权利记录与首次登记系统创建（创建一个记录权属权利和首次注册登记的体系）。

　　由于这两份指南涵盖了权属权利记录的不同方面，因此读者可以将它们视为独立的文件进行阅读，同时中间也有一些共同的部分。不管怎样，读者都将从两份指南中获益。

　　这两份关于记录权属权利不同方面的指南是一系列技术指南的一部分，这些指南提供了与《准则》相一致的有关改进权属管理的各个方面建议。

致 谢
ACKNOWLEDGEMENTS

本指南由 David Palmer 和 Anthony Lamb 编写，以下人员提供了资料：Gavin Adlington、Safia Aggarwal、Haddis Akbari、Anni Arial、Tea Dabrundashvili、Fernando de la Puente、David Egiashvili、Victor Endo、Vladimir Evtimov、Don Gilmour、Louisa J. M. Jansen、Sonila Jazo、Bengt Kjellson、Odame Larbi、Jonathan Lindsay、John Manthorpe、Robin McLaren、Rebecca Metzner、Sergio Nasarar、Jonathan Manthorpe M. Jansen、Sonila Jazo、Bengt Kjellson、Odame Larbi、Jonathan Lindsay、John Manthorpe、Robin McLaren、Rebecca Metzner、Sergio Nasarre、Neil Pullar、Cecilie Ravn-Christensen、Stefanie Rüntz、Eugene Rurangwa、Rumyana Tonchovska、Paul van der Molen 和 Margret Vidar。

对本指南早先草案的审查得益于 Alberto Andrade、Malcolm Childress、Lorenzo Cotula、Peter Dale、Ivan Ford、Lionel Galliez、Willy Giacchino、Charisse Griffiths-Charles、Lynn Holstein、Peter Laarakker、Hugues Marcard、John McLaughlin、Didier Nourissat、Marco Orani、Amanda Richardson、Elizabeth Stair、Victoria Stanley、Stefan Svenson、Teng Chee Hua 和 Mika Törhönen 的帮助。

本指南由 Shannon Russell 编辑，Luca Feliziani 设计了版面。

感谢大不列颠及北爱尔兰联合王国政府（国际发展部）为编写本指南提供的经费支持。

目　录
CONTENTS

1 关于本指南

本指南旨在使权属权利的记录或登记注册更贴近权属权利所有人，特别是目前权属权利记录或注册体系服务不足的人。本指南就如何改善权属权利的记录提供了实用性建议，包括如何解决阻碍用户使用记录体系的相关障碍。

在提供这一建议时，本指南反映了《国家粮食安全范围内土地、渔业及森林权属负责任治理自愿准则》（以下简称《准则》）的国际公认原则和做法。本章概述了提供此类咨询意见的必要性，介绍了指南的内容，并说明了如何使用和适用人群。

1.1 必要性

世界上几乎所有国家都有记录权属权利状况的体系。这些体系大多涉及记录土地权属权利，有时被称为土地注册体系、地契体系、所有权体系和地籍体系（这里应该认识到地籍等术语在不同国家可能有不同的理解）。目前，一些为土地权属权利而开发的记录体系还可以记录森林权属权利（特别是在通过拥有土地权属权利来确定拥有森林权属的情况），和一些有记录的渔业权属（例如英国的英格兰和威尔士的土地登记处可以记录这些权利）。此外，有些权属权利记录体系不侧重于土地权属权利登记，而侧重于其他权属权利。例如有的记录体系侧重于记录森林权属、捕鱼份额、水权和采矿权等权利。

许多例子表明，记录权属体系可以更好地发挥作用并为个人和社会带来诸多益处，例如加强权属保障，促进透明的权利流转市场，以及支持更广泛的经济和社会福利和一系列管理服务（请参阅本章中"1.6 权属权利记录的益处"）。

同样，也存在许多记录体系并没有带来这些益处的例子。这些体系在运作过程中会无意或故意设置某些障碍，以阻止人们有效使用这些体系。有些现象在生活中显而易见：人们排着长长的队伍，将文件杂乱无章地堆在地上和桌子上，工作人员冷漠无情，粗鲁或公开进行索贿。其他现象可能并不那么明显，比如没有人因为这些障碍而不使用记录体系（见本章"1.7 权属权利记录的障碍"）。有些障碍是由于相关能力问题而产生的，这些问题限制了记录体系中信息的可获得性和可靠性。其他一些障碍可能是由于既得利益者为了从由此产生的受贿机会中获益从而引发的效率低下问题。

运作不良的记录体系给社会带来了沉重的负担。不完整、不准确的信息无法正确反映权属权利分配的实际情况，同时也无法明确谁拥有哪些权属权利以及在什么条件下拥有这些权利。在记录相互矛盾、不完整或缺失的情况下，以及在欺诈和腐败作用下，导致记录被更改带来混乱和冲突。此外，权属权利的管理不力，会导致更普遍的社会失灵，如不可持续的发展、市场失灵和不适当的税收政策。

运作不良的记录体系让社会承担的一个主要成本就是无法满足穷人和其他容易失去权属权利的弱势群体的需求。因此，他们的土地权属权利可能得不到正式承认和保护。这些不良的记录体系甚至可能被用来为那些早期非法或不公正地侵占穷人使用的土地、渔业和森林的权属权利提供合法性。因此，运作不良的记录体系会对穷人产生巨大的影响。这些障碍的存在可能会将体系的使用成本提高到穷人难以或无法承受的水平，使他们可能永远无法获得这些体系本应提供的利益和对其权属权利的保护。因此，为了确保所有人都能不受歧视地获得权益和保护，对不良体系进行改革是十分必要的。

运作不良的记录体系让社会承担的另一个主要成本就是浪费了用于创建这些体系的投资。初始创建使用权记录体系通常需要花费大量成本，包括在体系建立时明确权属权利的所有人。但这些记录中的信息是动态的：随着这些人的死亡，他们的继承人需要更新记录，或者如果权属权利被流转，购买者也需要更新记录。因此，除非该体系运作良好，否则它会逐渐过时，变得不那么有效。有许多事例显示，由于人们认为不值得记录这些变化，导致现有的一些记录已经过时。最初的公共投资随着时间的推移而逐渐减少，需要采取积极的步骤来确保体系可持续。

根据人们使用它的程度、使用它的人群范围和体验质量对体系运作进行基本检测。同时在改进体系的设计中，应以客户为中心。

1.2 预期的读者对象

该指南面向负责完善权属权利记录体系的相关人员。因此，本指南基于读者对权属权利记录有一定的了解。虽然这个目标受众略显单一，但是受众中还包括了不同职责的人（如技术运营人员、管理人员、法规和法律制定者），来自不同部门的人（如来自政府部门或私营部门的人）和不同背景的人（如具有法律、勘测、信息和通信技术背景的人员）。同时还应该认识到由于各国之间的差异，读者对记录权属权利的各个方面理解可能不同。

此外，与体系有联系的一系列人员在对通信、反腐败、客户服务、客户委员会和信息共享等领域进行改进谈判时，会发现该指南是很有帮助的。这些人可能包括权利所有人及其协会（如业主协会、用户协会）、专业人员（如律师、公证员、测量员、房地产经纪人）、银行和其他贷款方、学术界人士、民间社会和非营利组织（如致力于帮助穷人或环境保护组织）、法院以及负责管理使用权的其他机构的管理人员和工作人员。本指南对公共行政部门、地方政府机构、税务机关和负责基础设施建设的机构的人员，以及隐私问题和获取公共记录的问题有所帮助。

1.3　涵盖事项

本指南就如何改进权属权利记录提供了一般性建议。那么记录体系如何在所需的时间和地点，以可承受的费用不间断地提供适当质量的服务呢？

世界上存在着各种各样的记录体系——在一些体系中，权属权利的流转是在注册表登记时发生的；而在另一些体系中，权属权利的流转是在签订合同时发生的。有些提供了持有权利的相关证明，有的则显示了明确的证据。各体系的其他差异则是由于它们遵循的法律框架不同而导致，例如民法或普通法系，或是罗马法、习惯法或宗教法等。

各地都能找到运作良好的记录体系的例子，成功的记录体系都有一些共性的特征。本指南的大部分内容是研究有效体系的共同之处。无论各个体系的具体规则如何，本指南提供了可以改进大多数体系中一些事项的具体指导。本指南的主要重点是如何使体系更加贴近于使用它们的人。

第2章讨论了一个经常被提及的问题：在目前现有记录体系混乱、效率低下、效果不好的情况下，是用一个新的、不同的体系完全取代该体系，还是应该努力改进现有体系？虽然记录体系有许多不同类型，但在同样的情况下，不同类型的记录体系可能产生不同的结果。例如，在特定情况下的一些交易在某些体系中被认为是有效的，而在另一些体系中被认为是无效的。如果要引入一个新的体系，在特定情况下，预期的结果应该是什么？预期的结果应该影响体系的选择，而不是反过来。本章将介绍不同类型的记录体系如何在相同的情况下提供不同的结果，并回顾了从一种体系转变为另一种体系所产生的影响。

第3章提供了改善用户关系的一些基本考量。同时还讨论了满足妇女或其他需要特殊待遇的用户需要的重要性。从6个方面具体阐述了如何提高对用户关注度这一主题。

第 4 章着眼于改进办公室的设计，改善安全保障措施以使用户受益。

第 5 章确定了关于管理方面的改进措施，良好的用户服务取决于战略和业务规划，以及可持续的财务模式。

第 6 章介绍了确保员工具备向用户提供所需服务的知识、技能和能力的措施。

第 7 章论述了减少体系中存在的欺诈和错误的必要性。信息质量越高，体系就越能为用户提供更好的服务，出现错误的概率就越小。本章还探讨了如何对与客户的纠纷问题进行管理。

第 8 章探讨了如何利用信息通信技术改进记录体系。采用信息通信技术也许会带来许多好处，但需要小心谨慎。

第 9 章探讨了如何改进相关政策和法律框架——某些方面的改进需要改变政策和法律。

第 10 章说明权属权利记录的背景是在不断变化的，并简要介绍了在不久的将来对记录权属权利记录可能产生的影响。

最后，附件强调了指南中与权属权利记录有关的领域，以帮助阅读。但需注意的是附件不能替代本指南。

本指南简明扼要地介绍了改进权属权利记录的方式方法。它不是一部试图提供详尽论述的百科全书，也不是一本手册——由于某些特定步骤只有在特定国家的具体法律和行政制度背景下才有效，因此本指南没有提供详细的分步指导。

本指南是关于如何消除阻止人们使用现有体系的相关障碍。还有一些阻碍了人们一开始去记录权属权利的障碍：如通常称为"首次注册"的方式。消除这些障碍对于确保所有人（无论贫富）都能从记录体系中平等受益而又不用担心任何歧视至关重要。此外，评估新体系在哪些地方可以有效，哪些地方可能不合适也是至关重要的，但该内容超出了本指南的范围。这部分内容将在有关创建记录权属权利和"首次注册"的体系配套指南中进行介绍。

1.4 记录权属权利——《准则》和本指南的比较

关于记录权属权利体系的指南由《国家粮食安全范围内土地、渔业及森林权属负责任治理自愿准则》提供，该准则于 2012 年 5 月获得了世界粮食安全委员会的正式认可（参见 http：//www. fao. org/docrep/016/i2801e/i2801e. pdf）。

《准则》是基于全球协商进程，并在由代表不同经济、社会、文化、宗教和环境观点的政府，以及民间社会和私营部门参与的情况下，通过谈判最终定稿。因此，《准则》代表了关于管理理念与实践前所未有的国际共识。

《准则》的目的是为了所有人的利益，对土地、渔业和森林权属权利权的管理进行改进，其重点是面向弱势和边缘化人群（见《准则》第1.1段）。十项实施原则要求各国和其他国家采取以下方式：尊重人格尊严，以非歧视和两性平等的方式行事；与利益相关者进行磋商和接触，运用法律制度确保问责制度的落实和透明度，并持续改进与权属权利有关的程序、法律和其他事项。本指南的附件列出了一些操作规程建议，以进一步说明指南中关于权属权利记录的有关问题。附件旨在帮助您阅读指南，而不是替代指南。

本指南聚焦于高效的记录体系，以便为权属权利治理做出应有的贡献，以造福包括以往得不到良好服务的脆弱和边缘化人群在内的所有人。因此，它与《准则》相呼应。

本指南致力于改进现有记录体系，无论它们记录的是土地使用权、渔业还是森林使用权，或者是其他权属权利，如水权和矿产权。前言部分与《准则》本身共同商定，指出：各国在执行《准则》时可以将水资源或者其他自然资源的治理考虑在内。

如果在不同的体系中记录了不同类型的权利，则应通过一个集成的框架将这些体系连接起来，以达到信息共享的效果（《准则》第17.2段）。这样做可以使所有相关权利（无论是土地、渔业还是森林）得到更好的落实和保护，例如在有国家征用、私营部门投资和应对气候变化等提议的地区。虽然本指南与渔业和森林权属权利记录体系有关，但主要是借鉴了完善土地权属权利体系的经验。这主要因为土地登记和地籍制度的存在和发展历史更长，而且世界各地有大量的此类记录体系。

本指南适用于记录广泛的权属权利种类，包括公共、私人、社区、集体、本地居民和传统权利（《准则》第2.4段），以及基于非正式权属的权利（《准则》第10条）。例如，由于指南的大部分内容是关于有效体系的共同点，而不是关于它们的不同之处，因此它可以用来改进记录习惯性权利私人权属权利的体系。但是，为了让承担权属权利记录职责的工作人员可以明确说明哪些权利可以被记录，本指南主要基于已经获得法律承认的权属权利。

1.5　术语表（A～Z）

由于世界各地记录体系的复杂性和多样性，关于改进权属权利记录方式方法的讨论变得更加复杂。以精确的方式适应这种多样性的讨论要求将术语变得冗长，这样会使文本变得难以阅读。为提高可读性，本指南中做了一些简化。

CUSTOMERS（用户）：使用登记处服务的人员。在公共部门（政府部门、机构等）和私营部门（个人、公司、协会、银行等）中，都有许多人使用登记处所提供的信息和服务。本指南使用术语"用户"来指代使用登记处服务的人员。

PARCEL（地块）：权属权利适用的区域。《准则》提到了地块、建筑物和其他空间单位，但认识到在某些情况下，使用地块以外的其他术语可能更合适。为简化本文，使用了"地块"一词，但也应理解为酌情包括其他空间单位。为进一步简化，"地块"一词也包括了在地块内建造的任何建筑物或其他附属设施。

PEOPLE（权属权利所有人）：权属权利所有人。许多人和组织可以单独或共同拥有某项权利。他们可以作为自然人（公民）或法人（工商企业、协会、政府、传统当局等）拥有某项权利。本指南使用"权属权利所有人"这个词，既指自然人，也指法人。它涵盖了所有权人以及对地块拥有其他使用权的人。

PROFESSIONALS（专业人员）：登记处之外的为客户提供服务的专家。用户通常会受到专业训练的持证专家协助，他们会为用户提供建议并准备记录文件。这些专家可以包括律师、公证人、测量师和房地产经纪人等。本指南使用术语"专业人员"来指代协助客户处理登记处业务的此类专家。

RECORDING SYSTEM（记录体系）：记录权属权利的体系。不同地区往往以不同的方式提及权属记录体系，如土地登记体系和地籍体系。根据《准则》，"记录体系"一词用于涵盖所有类型的体系。

RECORDING（记录）：确认与权属权利有关的记录。根据《准则》，使用了"权属权利记录"一词。它适用于使用"登记"一词的地区权属权利登记活动。

REGISTRY（登记处）：操作记录体系的机构。在一些地区，权属权利记录和地块记录由一个机构管理。对于这些地区，这一机构被称为"登记处"。在另一些地区，存在"双重机构"模式，一个机构负责权属权利记录，另一个机构负责地块记录。对于这些国家，"登记处"一词酌情适用于这两个机构。

STATES（地区）：记录体系运行的地方。有些体系在全国范围内运行，而其他体系则在各省、州或其他自治区等管辖范围内运行。本指南使用"地区"一词来涵盖所有这些管辖区，无论是国家层面还是国家下级层面的管辖区。

1.6 权属权利记录的益处

权属的记录可以给拥有权属的人以及社会带来许多益处。潜在的益处包括：

①加强权属权利安全保障。权利的公开记录可以从两个方面帮助加强权属的安全性保障。首先，在所有人都能轻易获得有关权利信息的情况下，权属权利的安全性会得到加强。如果人们不知道某项权利的存在，就会在不经意间做出一些侵犯权属权利的事情。例如，如果政府官员不知道人们已经对某一地区拥有合法的使用权，他们便可以决定将这一地区重新分配给其他人使用，如分配给那些流离失所、需要重新安置的人，或者寻求扩大农业生产的投资者。在人们不容易获得权属权利有关信息的情况下，某些人将更容易通过欺诈等方式非法获得这些权利。如果人们不了解这类违法事情，也就无法提出异议。其次，如果体系对权利提供了法律认同，那么它们将为法律保护开辟道路。如果人们的权属权利和地块信息得到记录，他们就可以获得法律规定的权益。如果发生纠纷，可以通过记录来调解或法院据此判断谁拥有此处的权属权利。由于所提供的法律保护的性质取决于记录制度的法律框架，因此各地区的情况有所不同。

②优化市场运作。市场——如买卖市场和租赁市场，是许多人获得自然资源的重要途径。记录体系可以通过提供可靠的信息来协助市场运作。在陌生人之间的流转中，卖方通常对地块及其相关权属权利会有更好地了解。在没有良好记录的情况下，人们通常只会与认识或推荐的人进行交易。记录体系通过提供可靠的相关信息，可以使买方确认卖方是否拥有买卖权利，这样便减少了交易双方之间信息的不对称性。通过这种方式引入了一定程度的制度信任和透明度，使陌生人间可以彼此开展业务。

对于银行和信贷机构来说，选择有记录的权属权利和地块更具吸引力，因为债权人可以明确谁拥有这些权利以及相关地块的特性。拥有记录的权属权利所有人比未记录的权属权利的所有人更容易获得抵押。但是，相比于是否有记录的地块权利抵押物，贷款人更多地考虑潜在借款人的还款能力（即收入）和还款意愿（即信用记录）等因素。

③提高经济和社会福利。当地块权属权利有保障时，将地块出租给他人用于经营、投资和进行其他改良活动时，会更有信心。土地作为任何国家最大的资本资产，有效地管理和使用这些资产可以增加国家财富，惠及所有社会收入阶层。政府机构更有可能向明确权属权利的土地提供服务。随着人们从现有的服务中受益，他们可能会感到社会安全和安定。如果人们觉得自己的土地权属权利有保障，他们就更有可能为了经济目的或改善生活质量而投资，如改善住房质量。

④提高对其他行政目标的支持。记录体系为公民、政府和其他人提供用于多种目的的有关地块和权属权利的信息。这些体系构成了国家空间数据基础架构的关键要素，使权属权利信息能够与其他来源的信息相结合（《准

则》第 6.5 节)。这些记录可用于各种目的,如管理灾害和紧急情况、征收年度财产税以资助地方等服务。它们还可用于基础设施和其他公共发展的征用。

⑤有助于保护和爱护环境。如果人们明确了自己的权属权利,他们就更有可能保护资源环境,避免采取破坏性的短期行动,造成水土流失、土壤退化和植被损失。记录体系还为负责管理环境和应对气候变化的政府机构提供了有效的信息。例如,政府机构除非知道谁对这些资源拥有管辖权,否则将无法针对具有环境或文化意义的地区设计和执行保护计划。

⑥在紧急情况下提供更好的支持。如果在发生自然灾害期间得到有效保护,灾后政府便可根据灾前可靠的记录状况,提供恢复和改进的支持。

1.7　权属权利记录的障碍

记录体系提供了诸多益处,但有的只对其国家的小部分人提供了益处,如某些特定社会群体。对无力支付专业人员费用为其解决记录权属权利问题的人来说,复杂、昂贵和耗时的程序是其不可逾越的障碍。同时,他们可能面临其他障碍:仅在主要城市、城区才有登记处(往往离家很远)。

人们可能会感受到记录其权属权利的成本和其他负担超过了他们可能获得的利益,特别是在记录权利的成本大于地块的经济价值时。因此,那些通过继承或购买获得权属权利的人可能会觉得没有动力去更新记录信息用以反映变化情况。所以,随着时间的推移,该体系中的信息逐渐过时,无法被个人有效利用,也无法为社会带来更广泛的利益。

人们可能因为很多原因而不能使用记录体系,如表 1.1 所示。

表 1.1　影响权属权利记录的原因、障碍及解决办法

问　　题	障　　碍	解决问题和障碍的 方法实例
一个人拥有法律认可的权属权利,但不知道该如何记录这些权属权利: • 没有可用的信息; • 有关信息存在,但获取困难(如距离太远,手续太多,隐藏在其他信息中,获得成本太高); • 因不识字而无法阅读有关资料; • 因视力受损而无法阅读资料; • 相关信息过于复杂,无法清楚理解; • 信息的语言不对	信息和知识障碍	参阅: 第 3 章:提高对用户的关注度 第 8 章:使用信息和通信技术

（续）

问　题	障　碍	解决问题和障碍的方法实例
人们知道自己的权属权利，但这些权属权利没有得到别人的重视： • 丈夫在未经妻子同意的情况下非法转让权属权利（如妻子的签名是伪造的，因为她的同意并不重要，或者她本来就被丈夫、官员、法官等忽视）； • 登记人的权属权利在法律上已经得到承认，但在由于该人属于弱势群体或边缘化群体，在实践中被官方忽视。法律在实践中没有得到有效的执行	社会和文化障碍	参阅： 第 3 章：提高对用户的关注度 第 5 章：改善管理方式 第 6 章：改善人力资源
当事人知道该如何登记权利，但却无法前往登记处登记： • 办公室太远（如路程太长、路况不好）； • 办公室不在公共交通路线上； • 当事人身体残疾，无法进入该建筑（楼梯太多等原因）	生理和地理上的障碍	参阅： 第 4 章：改善办公室 第 8 章：使用信息和通信技术
登记人可以到登记办公室去，但无法负担登记业务的费用： • 向登记处支付的费用和税太高； • 专业人员（测量师、律师、公证人）的劳务费用太高； • 机会成本太高（因为去登记处而损失的收入等）	经济障碍	参阅： 第 3 章：提高对用户的关注度 第 5 章：改善管理方式
登记人有能力承担相关费用，但在需要服务的时候，却无法得到服务： • 无法得到服务：时间有限，等待的人排长队； • 工作人员不知道该怎么做：他们没有经过培训，不称职； • 工作人员找不到记录，记录丢失或因其他原因无法找到； • 现有记录不可靠、不准确，必须在交易前进行更正； • 交易时间过长，而当事人已经失去了融资渠道等	登记处工作人员的业务能力不足、监管障碍、行政障碍	参阅： 第 3 章：提高对用户的关注度 第 4 章：改善办公室 第 7 章：改进解决欺诈、错误和纠纷的方法 第 8 章：使用信息和通信技术 第 9 章：完善政策和法律框架

9

（续）

问　　题	障　　碍	解决问题和障碍的 方法实例
登记处提供网上服务，但登记人无法使用： • 登记人不知道如何使用电脑和互联网； • 登记人知道如何使用计算机和互联网，但没有可以使用的公共计算机； • 网站无法正常运作； • 网络连接速度过慢； • 网站链接有问题，由于太过复杂而无法使用； • 网站设计时并未考虑到视力受损的人	信息和通信技术障碍	参阅： 第 8 章：使用信息和通信技术

2 选择改革体系或转换到新体系

改进记录权属权利的方式往往会促使人们在改革现有体系或用一个完全不同的体系替代之间做出选择。用新的体系取代现有的体系不应该被认为是一个更改记录管理方式的简单技术问题，因为即便在相同情况下，不同的体系可能产生不同的结果。本章回顾了记录体系之间的一些重要差异，以及为什么它们在相同的情况下会产生不同的结果。本章还确定了在决定改进现有体系或用不同的体系替代时应考虑的一些方面。如果一个体系因为记录混乱而运行不畅，那么无论决定是维持现有体系还是转换为新体系，都需要重新组织记录。本章还将讨论如何组织记录，以便快速、方便地找到地块和权属权利的信息。

本章要点

• 改进权属权利记录体系的方案包括保留现有体系并对其进行改进，或以全新的体系取代现有的体系。

• 用新的体系取代现有体系不应视为一个简单的技术问题，因为记录体系有多种选择：证据性和结论性；构成性和声明性。

• 在相同的情况，不同的体系可能产生不同的结果，如在存在欺诈的情况下；然而，看起来相似的体系在相同情况下也会产生不同的结果，而看起来不同的体系在相同的情况下也有可能会产生相似的结果。

• 有些体系可以对受骗者进行赔偿，但是领取赔偿的对象因体系而异。

• 赔偿基金需要有足够的资金来支付目前和未来的所有索赔，可以通过各种方式筹集资金，包括对记录在案的每笔交易征收少量费用。

• 与其在各类体系间转换，不如简单通过更好地组织记录活动来得到许多好处，例如确保所有地块都有独特的标识，并将所有交易都引用到该地块的记录中。

2.1 一般性考虑

记录体系效率低下，记录内容混乱不堪，该如何处理呢？这里有两种基本选择：一是保留现有的体系，对其进行改进；二是用一个全新的、不同的体系取代现有体系。例如，如果一个地契体系表现不佳，有时会建议将地契体系转换为产权体系。

地契体系与产权体系的区别，通常的说法是：在地契体系中，权属权利的转移发生在合同执行时，记录提供了持有权利的证据；而在产权体系中，权属权利的转移发生于在登记处登记时，记录提供了确凿的证据。

然而，实践中却存在各种各样的记录体系。各个产权体系之间存在差异，导致它们在特定情况下，例如在欺诈案件中，可能会有完全不同的结果。虽然大多数人并不是狡诈的，并且大多数记录存在于守法公民之间的交易，但是欺诈性交易找到漏洞进入登记处。欺诈可能不仅是由陌生人实施的，也有可能是由受害人信任的人实施的，如家人、朋友、商业伙伴或律师等专业人士。

本章回顾了一个欺诈案例，即原所有人因欺诈而失去了一块地块，而另一个人善意地购买了该地块：这两个人中只有一个人可以保留该地块的权利。在一种类型的产权体系中，其结果是保护新的、无辜的买主，并对原所有人的损失进行赔偿。在另一种所有权制度中，结果恰恰相反：原所有人受到保护，无辜的买受人得到损失赔偿。

因此，在选择是否用新体系取代现有体系时，不应将其视为改变记录管理方式的简单技术问题。相反，应当基于对特定情况下预期结果的分析：例如，目前权属权利所有人认为，如果因欺诈行为而失去权属权利，最公平的结果是什么？

此外，这种分析还应该考虑现有体系在特定情况下产生的结果是否已经达到预期的结果。如果现行体系出现问题，产生的结果不理想，那么这是由于其管理方式，还是由于在特定情况下而产生的呢？

2.2 记录体系的变化

记录体系的目的是为了做同样的事情——提供权利的公共记录，但它们在世界范围内的做法却截然不同。正如以下讨论所展现的那样，人们想要建立一个记录体系会有一系列的选择。

权属权利证明的方式涉及一些变化。记录体系是可证明的，也可以是结论性的。

证据性体系提供了权属权利存在的证据和持有人证明。记录表明的是交易已经发生，而证据则是诸如转让契约等文件。所有权的证明是以"所有权链"的形式显示了从一个人向另一个人转让的历史顺序。

结论性体系提供了关于权属权利存在和权利拥有人的合法身份的结论性证据。所有权的证明通常是以登记册上的记录形式出现。

获得权属权利的方式涉及另一些变化。制度可以是构成性的，也可以是声明性的。

在构成体系中，权属权利的转让是在记录产生时发生的。只有通过记录才能获得权利。

在声明性体系中，权属权利的转移发生在当事人执行合同时。记录提供了一些保护，如记录的权属权利主张可能优先于未记录的权利主张。

这些变化在土地登记体系中以多种方式组合在一起，如表 2.1 所示。

表 2.1 记录体系的类型

体系的类型	构成性体系	声明性体系
结论性体系（"产权体系"）	澳大利亚、英格兰和威尔士、德国、西班牙（抵押贷款）	丹麦、芬兰、瑞典、西班牙（用于流转）
证据体系（"契约体系"）	荷兰	法国、美国

世界上许多国家都有这些类型的体系，因此，通过以下的清单和评审可以选定一些其他国家作为研究，包括发展中国家和发达国家。选定的国家和地区包括澳大利亚、丹麦、英国的英格兰和威尔士、芬兰、法国、德国、荷兰、西班牙、瑞典和美国。选定这些国家一个原因是为了说明，即使是在社会、政治、经济环境相似的国家或地区，也可能会选择不同的体系；一个国家或地区是否存在某种体系，并不取决于该国和地区的特殊情况；确定这些国家的第二个原因是，它们的记录体系运作良好，一个体系的成功不一定取决于它的类型，良好的契约体系可以和良好的产权体系一样运作良好。

构成性和结论性体系（如澳大利亚、英国的英格兰和威尔士以及德国）。流转行为是在记录转让文件时发生，由此在登记册上的记录提供了权属权利成立的确凿证据。

构成性和证据体系（如荷兰）。流转是在记录转让合同时发生的。作为证据体系，记录表明交易已经发生。但一个人不应该完全依赖体系中的信息，因为交易中的缺陷可能会影响权属权利是否被转让。作为构成要素个人可以假定不必将没有记录的交易纳入考虑范围。

13

声明性和决定性体系（如西班牙、丹麦、芬兰和瑞典）。流转发生在买方和卖方执行合同时。记录是声明性的，但只有当买方从体系中确定为从权属权利所有人那里获得权利时，才能进行记录（在西班牙，该体系对所有权和租赁的转让是声明性的，但对抵押权是构成性的，因为它们需要记录才能存在）。

声明性和证据体系（如法国和美国）。当事人签订合同时即发生转让。登记并不产生所有权，但可以推定被登记为所有人的人实际上为所有人。

2.3　选择理想的结果

在两种情况下，所有记录体系往往会给出相同的结果。第一种是没有问题的情况：卖方的权属权利没有受到质疑，交易是可靠的，流转的所有要求都得到满足。所有体系都将承认买受人为新的权属权利所有人，可以是结论性的，也可以是推定的。所有记录体系都将承认买方为新的权属权利所有人，这是具有结论性的，也是可以推定的。对记录权属权利的保护程度在很大程度上取决于国家的整个法律体系，因为记录权属权利的法律并不是孤立于其他立法之外的。第二种情况是，一个人试图通过实施欺诈行为来获得权属权利，此时记录体系通常不承认这种流转有效。

然而，在其他情况下，看起来相似的体系可能产生不同的结果，而看起来不同的体系可能产生相似的结果。如何使用现有体系的问题不是一个简单的技术问题，而是如何管理记录的问题，而且还需要解决权利人认为在诸如某人因欺诈而丢失地块，而另一人善意购买该属地的情况下，什么是最公平的结果。这里有无辜的业主，也有无辜的买家，记录体系却无法平等保护他们。毫无疑问，一个人会赢，另一个人会输。

谁赢谁输取决于记录体系的规则，下面的例子就说明了这一点。拥有权属权利的人认为哪些规则最公平？

（1）权属权利的流转

第一个例子是关于权利的流转。

记录体系中显示"A"持有某地块的权属权利。另一个人"X"冒充"A"，将该地块卖给不知情的第三人"B"。转让文件是错误的，因为"A"没有签字，但转让给"B"的文件是有记录的。如果"A"发现了欺诈行为，并采取行动收回该地块，会发生什么情况？

权属权利所有人"A"在诸如法国、荷兰、美国等地的契约体系中是受到保护的。无效的合同不能转让该地块，所以"A"没有失去该地块，"B"也没有取得该地块。

相反，买方"B"在某些类型的产权体系中是受到保护，例如在澳大利亚各州和英国的英格兰和威尔士以及北爱尔兰。权属权利所有人"A"失去该地块，是因为这些产权体系通过"所有权立即不可废止"的规则，提供了一种不可废止的所有权（即所有权是具有结论性的，不能被推翻）。买方"B"在记录时拥有不可剥夺的所有权，即使交易所依据的文件是伪造的或其他无效的文件。

其他类型的产权体系保护"A"，如在丹麦、芬兰和瑞典。这些体系所提供的所有权除非在特定条件下是不可剥夺的：

①如果转让文件是假的，或由未经授权的人签署，或在法律任定的属于威胁的情况下签署；

②如果合法所有人破产、不具备法律行为能力或精神上无行为能力；

③如果属于法律规定的流转无效：没有以适当的形式颁布，或没有得到权利受到影响的人同意，或没有得到法院或其他有关部门的许可而依法无效；

在其他类型的产权体系中（如德国和西班牙），即使买方"B"善意地进行了交易，所有人"A"也会受到保护，流转也被认为是无效的。

表 2.2 说明了各种可能性。

表 2.2　权属权利流转的可能结果（1）

体系类型	构成性体系	声明性体系
结论性体系 （"产权体系"）	澳大利亚、英格兰和威尔士： "B"是所有人 德国："A"是所有人	西班牙、丹麦、芬兰、瑞典： "A"是所有人
证据体系 （"契约体系"）	荷兰："A"是所有人	法国、美国："A"是所有人

随着例子变化产生的结果又有了新的变化。

与上一示例一样，某人"X"冒充"A"，将该地块卖给"B"，而"B"是无辜的，不知道有欺诈行为，该流转被记录在案。另一人"C"从"B"处购买该地块，并记录了权利的转让。如果"A"随后发现了欺诈行为，并采取行动追回该地块，会发生什么情况？

对于契约体系来说，"A"仍然是所有人，转让的次数并不能弥补之前虚假流转文件的缺陷。

在丹麦、芬兰和瑞典的产权体系中，"A"仍然是所有人，原因同上。

在澳大利亚、英格兰和威尔士的产权体系中，"C"是所有人。

对于德国和西班牙的产权体系，现在是有区别的。这些产权体系是根据延迟不灭性规则运作的：产权的不灭性推迟到依靠记录确定所有权人的第一个买方，并且认定他记录的交易不具有欺诈性。如表2.3所示。

表2.3　权属权利流转的可能结果（2）

体系类型	构成性体系	声明性体系
结论性体系 （"产权体系"）	澳大利亚、英格兰和威尔士； 德国："C"是所有人	西班牙："C"是所有人 丹麦、芬兰、瑞典："A"是所有人
证据体系 （"契约体系"）	荷兰："A"是所有人	法国、美国："A"是所有人

（2）抵押贷款

欺诈行为往往与抵押贷款有关，许多人利用精巧的骗局骗取抵押贷款以欺诈致富。

体系显示"A"持有该权利。第二人"X"冒充"A"，安排向贷款人"D"贷款，而"D"是无辜的，不知道其中有诈。抵押事件于是被记录在案。"X"拿到贷款后就消失了。当"A"随后发现抵押贷款的欺诈行为时，会发生什么？

其结果与上述第一个流转的例子如出一辙，它们强调的是人们因记录权属权利问题而可能遭受的经济损失。

在权属权利所有人"A"受到保护的体系中，贷款人"D"因欺诈行为而遭受经济损失。（虽然西班牙的制度对转让是具有声明性的，但对抵押行为而言，它是构成性的，因为抵押权需要通过记录行为才能存在）。

相反，在有"所有权立即不可废止"规则的产权体系中，贷款人"D"对所有权人"A"拥有法律上的索求权，即使"A"没有签署抵押协议，抵押债务也负担在了"A"的地块上。所有权人"A"必须向"D"支付贷款价值，尽管"A"没有收到这笔钱。

这些结果说明如表2.4所示。

表2.4　抵押贷款时权属权利变动的可能结果

体系类型	构成性体系	声明性体系
结论性体系 （"产权体系"）	澳大利亚、英格兰和威尔士："D"拥有有效的权利 德国、西班牙："D"不具有有效权利	丹麦、芬兰、瑞典："D"不具有有效权利
证据体系 （"契约体系"）	荷兰："D"不具有有效权利	法国、美国："D"不具有有效权利

（3）补偿

在契约体系中，就上述例子而言，权属权利所有人"A"受到保护，买受人"B"或出借人"D"遭受损失。登记处或公募基金不会向交易遭受损失的人支付补偿。但是，买方可以向参与准备交易的专业人员或向其产权保险单提出索赔（这里假定实施欺诈的"X"没有钱或已经失踪）。

德国和西班牙的产权体系在"不可撤销期"期间保护权属权利所有人"A"；对遭受损失的买受人"B"或贷款人"D"等人不给予国家补偿。在这种情况下，它们类似于契约体系。

丹麦、芬兰和瑞典的产权体系保护权属权利所有人"A"，并向买受人"B"或出借人"D"提供国家补偿，但会有一定的条件：如出借人"D"已对借款人进行了全面的风险评估。

就澳大利亚和英国的英格兰和威尔士的产权体系而言，"立即失效规则"导致权属权利所有人"A"遭受损失：在流转的例了中，"B"现在是所有人；在抵押的例子中，出借人"D"有偿还贷款的合法要求。这些体系都为权属权利所有人"A"提供了损失补偿，但即使在这里也会有很大的差异。例如，在一些地区，赔偿基金是最后的手段：在向国家提出赔偿要求之前，遭受损失的人必须设法得到赔偿责任人的赔偿，例如通过起诉欺诈者（"X"）或证明不可能这样做。这些不同之处如表 2.5 所示。

表 2.5　补偿时权属权利变动的可能结果

体系类型	构成性体系	声明性体系
结论性体系 （"产权体系"）	澳大利亚、英格兰和威尔士："B"获得权属权利，"A"获得国家补偿 德国："A"得到了权属权利，"B"没有得到国家补偿	丹麦、芬兰、瑞典："A"获得权属权利，"B"获得国家补偿 西班牙："A"得到了权属权利，"B"没有得到国家补偿
证据体系 （"契约体系"）	荷兰："A"得到了权属权利，"B"没有得到国家补偿	法国、美国："A"得到了权属权利，"B"没有得到国家补偿

2.4　选择改进现有体系或改用新体系需考虑的因素

正如上述例子所显示的那样，世界上存在着各种不同的体系、运作方式以及保护对象。契约体系和一些产权体系一样，在欺诈性流转发生的情况下，保护原所有人，而其他产权体系则保护新的买方或贷款人。这种多样性表明，没有任何一套规则是百分百正确，其他规则是百分百错误。相反，规则必须被执行他们的社会接受。

①对改革进行广泛的辩论。在分析是改进现有体系还是改用不同的体系时，应解决现有制度是否能在特定情况下产生理想结果的问题。如果一种不同的结果更为理想，那么它应该是什么？正如上面的例子所显示的那样，在发生欺诈性转让的情况下，契约体系可以保护原所有人。将契约体系转换为产权体系的提议不应作为简单的技术性变更，因为产权体系不止一种。如果采用新的产权体系来取代契约制度，那么应该保护谁：是原所有人还是新的买受人或贷款人？

我们可以作出选择并应就改变现行体系所提供的权利保护范围进行透明的辩论。权属权利所有人应该决定在特定情况下什么结果是最公平的。如果引入一个新的体系是可取的，那么就应该制定新体系的规则以产生这些理想的结果。人们应该明确规则变化所带来的影响，并同意这些变化。

②充足的、可持续的、可获得的补偿资金。欺诈性抵押贷款的例子突出表明，将契约体系转换为产权体系可能会给个人造成经济损失。在产权体系"立即不可失效"规则的影响下，即使权属权利所有人没有收到钱，也要向贷款人支付贷款金额。

在关于改用"立即或延迟不可撤销"规则的产权体系的提议中，应包括一种适当和可持续的方式，以补偿因体系改变而遭受损失的人。

赔偿基金已在一些地区实行。赔偿承诺只有在兑现时才是有效的，而假定只有在通过对每笔交易收费到足够的资金后才需要支付赔偿是不现实的。取而代之的是，在设立基金时需要投入大量的初始金额，可以通过对每笔交易收取少量费用来维持这笔资金（见第 7 章中关于"在欺诈和错误的情况下如何使用赔偿基金"）。此外，赔偿基金不应成为在所有替代办法都尝试过且失败后才支付赔偿的最后手段。因欺诈性抵押贷款而遭受损失的穷人，在提出赔偿要求之前，不应支付启动法律程序的费用。

由国家预算供资的国家担保是赔偿基金的一种替代办法。这种机制需要一个稳定和值得信赖的治理结构，但如果有一个运作良好的记录体系，需要支付的损害赔偿或补偿金额应该不大。

强制专业责任保险是当专业人员的行为造成损失时提供的另一种赔偿手段。例如在起草具有法律约束力的文件或在交易中向各方提供建议时可以使用。

2.5 改进记录的组织工作

契约和产权体系都需要有条理清晰的记录才能良好运作。这类记录使人们能够迅速而方便地确定谁拥有某块土地的权属权利并进行交易。它们还减少了欺诈和犯错误的机会，从而增加了对信息的信赖和信心。相反，模棱两可和混乱的记录会使人们难以找到和解释交易所需的信息。如果欺诈行为和错误在一个体系中很普遍，那么提供赔偿则是不可持续的，因为要支付的金额很可能高于所能承受的程度。

减少错误和欺诈行为以及减少记录的时间和费用并不一定是一种权衡。这两点在很大程度上可以通过重组记录来实现。完善的记录通常是在将契约体系转换为产权体系时进行的，记录的重新组织作为转换的一部分伴随着转换这一过程。当一个现有的体系转换为一个新的体系时，有时会用"首次登记"一词来表示重新组织记录的工作。其他类型的首次登记记录权属权利人、持有人和地块的信息在关于《权属权利记录和首次登记系统创建》的配套指南中进行了介绍。此外，这样的记录重组也可以作为改进地契体系的一部分。下文的例子说明了登记处如何在完全不同的情况下对记录进行重组。

围绕地块组织记录意味着为地块分配一个独特的标识符，并根据该地块的记录列出所有交易。在该地块的所有记录中使用标识符，可以快速、方便地确定对该地块的所有权属权利，并使任何空缺或竞争性权利声明变得清晰可见。可以利用每个地块的标识符以及注册表文件和地图中的信息为其创建记录。

通过对注册表记录与其他政府记录（如财产税地图和记录）进行补充或交叉检查，可以提高获取结果的质量。在地块信息缺失或不完整的情况下，往往需要绘制地块地图。除了详细的实地调查外，还有一个办法是制作地块索引图，它足够准确地显示地块（形状、位置和与其他地块的关系）及其独特的标识符。正如其名称所示，地块索引图不提供边界测量的细节或代表地块角落和边界要素的详细信息。

记录的重组可以逐一、零星地进行，也可以系统地、逐个地区进行，并涵盖每个地区内的每一块土地。如果采用零星的方法，这项工作通常是由销售、租赁、继承和抵押等触发因素启动的。如果采用系统的方法，则需要确定在哪里开展工作以及按什么顺序进行。一个好的办法是从一系列地区（如城市地区以及城郊和农村地区）开始，并针对一系列受益人（包括保障弱势群体保护其权属权利不受侵犯），以减少相关利益只被富人获取的风险。零星和系统的方法都应包括需要澄清地块和权属权利信息的情况，例如有征用、合并和再分配的情况，或大块土地要分割和出售或分配的情况。

世界各地都成功地采用了零星和系统的方法进行记录的重组。然而，零星的手段往往将成本转嫁给权属人，因此它们往往更有利于那些有能力承担成本的人。相比之下，系统的方法往往为所有权利人提供更公平的待遇，因为它们通常由政府提供资金。此外，由于一个地区的所有索赔都会同时得到检查，通过系统化的方法可以更快地完成重组的改革，这也使得所获取的信息质量更高。

（1）在不转换到新体系的情况下重组记录

下面举两个例子：荷兰和加拿大新不伦瑞克省。

①荷兰。在荷兰，建立权属权利记录是为了声明转让情况，而建立地块记录则是为了通过征收财产税增加财政收入。由于它们被用于不同的目的并被分开保存，所以这两套记录有重复和不一致的信息。随着时间的推移，这两套记录之间的联系和一致性通过改革得到了改善，例如将它们的管理置于同一机构，并要求在转让和抵押的契约中使用地块编号。

作为契约体系，记录以文件形式存在，主要是公证地契，按照提交记录的顺序汇编成册，尽管现在所有记录都是数字形式。此外，地籍管理数据库包含了从地契中提取的信息，可以很容易地确定一个地块和拥有权利的人。登记员必须记录所有提交给公共登记处的公证契约。然而，如果一份契约被认为是可疑的，登记员可酌情在地籍数据库中添加警告。由此，任何在数据库中搜索的人都会收到该交易可能存在问题的通知。实际上，如果登记员和公证人之间合作密切，这种问题很少发生。

作为一种结构性体系，通过销售交易进行的权利流转只能通过记录在案的契约进行。因此，真诚地信赖公共注册管理记录的人在很大程度上得到了保护：一个人不应该绝对依赖公注册管理机构的记录，但他或她可以假定没有记录的东西不必考虑。由于该体系的信息质量很高，通过地籍管理数据库提供的报告类似于产权体系中的产权记录。

②加拿大新不伦瑞克省。加拿大新不伦瑞克省提供了一个契约体系的例子，该体系最初并没有全面的地块记录，因此要查找某一地块的信息需要进行大量研究。当地采用了以地块为基础的方法，编制了一份全面的属地清单，在地块图上标明属地，并系统地给每个地块分配一个独特的编号。这些地块图是利用航空摄影和现有的税收地图和调查计划组合而成，对每个地块进行了目测，以确定地图上的边界是否反映了实际情况，但没有进行新的调查。

新不伦瑞克省为每个地块编号建立了一个计算机档案，其中包括各种类型最后记录的文件信息（如流转、抵押、调查计划），这些契约文件将一直记录在案。此外，当某一地块有新的交易记录时，计算机档案中的现有文件将会被更新，前一份文件的信息被转移到该地块的历史计算机档案中。随着时间的推移，历史计算机档案代表了一个计算机化的产权链，它不具有法律效力，但在产权搜索开始时可作为一种资源。自动化的报告会识别出存在问题的记录：虽然登记注册机构没有试图解决这些问题，但计算机系统中的通知提醒人们可能存在问题。

虽然新不伦瑞克省后来改用了产权体系，但上述工作是在契约体系存在时完成的。经验表明，这有可能使声明性契约体系的记录组织得到改进。也就是说，权利转移是在签署契约等文件时进行，而不是通过记录来进行。

（2）在转换到新体系的同时重组记录

作为从契约体系转换到产权体系的一部分，一些地区已经重组了他们的记录。以下示例演示了在不同情况下的一些变化。就瑞典而言，这一变化包括地块地图的整合，而在澳大利亚和英国的英格兰和威尔士，从契约体系到产权体系的对话最初并不包括地块地图的创建。

①瑞典。在瑞典，产权体系并不是为了取代契约体系而迅速实行的。相反，它是渐进地适应社会变化需要的体系。例如，在妇女权利增加、继承、家庭以外的土地转让和融资需要等方面。其结果是，除了在某些情况（如在欺诈等推翻产权的不可撤销性的情况）外，产权体系提供了确凿的所有权证明。

与荷兰的情况类似，瑞典地块记录最初是为了征税而编制的，而权利记录则是为了公布转让情况。虽然这两套记录由不同的机构负责，但它们的合作形成了一个综合的计算机系统。2008 年，这两套记录由一个机构负责。

②澳大利亚各州以及英国的英格兰和威尔士。在澳大利亚各州以及英国的英格兰和威尔士产权证上的信息标明了地块、所有者和其他权利及其持有人（如果存在抵押、租赁和地役权）。

一些国家在重组记录时没有首先绘制地块地图，澳大利亚和英国的英格兰、威尔士、北爱尔兰便是例子。由于没有地块清单，因此便不可能将记录与系统的地块编号联系起来。于是各国采用了一种零星记录的办法——地块标识符定为所有权证书的编号。例如，在澳大利亚各州，为产权体系中第一个地块签发的第一份证书被确定为第 1 卷，第 1 对开页。随着时间的推移，地块地图的可用性增加，每个地区都为所有地块引入了标准地块编号，以便将不同机构收集的地块信息联系起来。英格兰和威尔士采取了另一种替代办法，这是因为可以用现有的大比例尺地形图来制作索引图，其中包含地块的信息及所有权编号。

③有限制的转换。产权体系的转换涉及在审查现有资料的基础上发行和记录产权。一些国家通过发放不同信任度的产权来处理不同质量的信息。

例如，当新西兰转为产权制度时，如果产权符合标准产权的某些要求，但不符合所有要求，登记处可以签发带有限制的产权（"产权限制"）。如果产权没有受到质疑，则限制在 12 年后自动失效（这一期限与通过不良占有获得权属权利有关）。加纳等国也有类似的程序，但产权持有人必须要求升级为正式产权。新西兰还对现有测量精度低于转换时的标准地块实行"地块限制"。许多权属权利所有人并没有为取消产权限制而对其地块进行重新调查，这表明认为信息质量较低并没有影响地块的使用。

（3）更正记录以反映当地的实际情况

地块的记录可能与实地的情况不同。例如，由于最初的调查准确性较低，或者由于记录是为税收目的而建立的，没有与权利记录相联系。

如果最初的所有权是在过去授予的，而且当时没有描述边界和计量单位的标准，则存在一些特殊的问题。多年来，由于界定地块角落的功能消失，大型农场被分割成较小的地块，地块记录与现实之间有时会出现重大差异。大多数拉美国家的法律规定，修改记录需要司法裁决。因此，许多权属权利所有人倾向于将新的地契与已记录的地契相吻合，而不是为纠正这一问题而支付漫长而昂贵的措施费用。

依法简化更正地块记录的一个办法是，在相邻地块权利人达成一致的情况下，采用行政程序应用"实地信息普遍性"原则。另一种办法是授权行政当局批准对地块描述的调整，利用替代性的争端解决机制，在相邻地块的权利人之间达成协议，并可选择向法院上诉。

3 提高对用户的关注度

用户的存在是登记处存在的主要原因，但由于日常办公室管理，交易记录和维持记录更新等问题，服务用户经常被忽视。本章描述了确保以最有效和最实际的方式满足用户需求的重要性，针对女性、特殊群体以及弱势和边缘人群，提出在服务标准、沟通和特殊考虑方面的建议。

满足用户的多样化需求，部分内容涉及其他章节（请参阅本章中有关解决用户服务的其他章节的快速索引）。

本章要点

• 从各类群体和机构中识别用户，包括市民、专业人员、信贷提供者、其他政府部门和机构、警察和法院以及居住在其他地区的人员。每个群体都有其独特的兴趣和需求。

• 制定服务标准，定义如何交付服务，尤其是提供服务需要的时长。将文件分发给用户，以便他们了解自己的权利。

• 员工应理解服务标准，明确职责。为员工提供有关标准的培训，并引入标准范围内的监督和报告系统。

• 通过各种方式向用户提供所有相关信息，包括公告板、网站、帮助热线和广告。用户应该可以访问常规信息，即如何填写表格的说明、费用信息、服务标准、行为准则和道德规范以及投诉和申诉方式。

• 开展用户调查，了解用户对登记处性能的看法和相关改进意见。

• 通过改变法律框架，培训工作人员为女性提供更好的服务，发布针对女性的信息，提供移动办公服务，报告按性别分类的数据等，改善对妇女的服务。

• 改善对其他特殊群体以及弱势和边缘人群的服务。

• 将优异的用户服务纳入登记处的愿景、目标、策略和业务计划。

• 重新设计登记流程，使其更简单、更快捷、更容易理解。

• 在登记处引入法律援助服务，提供能够帮助用户的专业人士的详细联系方式。

3.1 其他章节涉及解决用户服务内容的快速索引

本指南其他章节也有改善用户服务方面的内容：

①办公室设计。办公室设计和布局等方面都可以改善用户体验，包括对女性和有特殊需要的人。请参阅第 4 章中的"改进办公室设计"。

②用户委员会。用户代表小组是获取用户反馈的一种渠道。此类小组应包括所有用户群体的代表，特别是女性和有特殊需求的人。请参阅第 5 章中的改善机构方向。

③愿景、目标、战略和业务计划。用户服务应该是登记处目标和愿景的基础，战略和业务计划中至少有一部分应该是改善服务，并以用户为中心。请参阅第 5 章中有关愿景、目标、战略计划和业务计划的示例。

④监控和报告。需针对服务标准、道德标准、用户满意度和改革方面的合规性进行监督，以改善（包括女性和有特殊需要的人）服务，同时应该报告结果并将其用于进一步改进（请参阅第 5 章中机构改进方面的内容）。

⑤行为准则和道德规范。对于所有员工和管理层来说，关于其在工作中如何表现、如何处理困难情况以及如何对待客户与其他员工的明确且具体的行为准则和道德规范，是非常有用的（请参阅第 6 章的"工作人员政策和协议"）。

⑥工作人员培训。用户服务培训有助于培养对用户的积极态度，有利于理解用户需求，提高解决问题，有效沟通的能力（请参阅第 6 章中的"工作人员培训"）。

在发展以用户为中心的服务体系过程中，应注意该指南中的十项实施原则。这些原则与登记处在解决用户问题的思考方式有直接关系，包括：人的尊严、非歧视、公平与正义、性别平等、整体且可持续的方法、咨询与参与、法治、透明度、问责制和持续改善。

3.2 识别用户

发展以用户为中心的服务体系需要了解用户是谁。其可以包括：
• 公众人士；
• 代表用户行事的专业人员；
• 银行和其他信贷提供者；
• 负责自然资源、运输、基础设施和税收的政府机构；

- 地方政府；
- 警察和法院，特别是有关处理非法获得土地的刑事案件，或强制执行的民事案件的机关；
- 其他地区的权属人，包括移居国外的成员和外国投资者。

在针对用户需求进行改进时，必须牢记每个群体都有特殊需求。

3.3　使用服务标准

服务标准可以被视为用户的"权利法案"。它们定义了可用的服务，提供服务的时长，用户需支付的费用。可以放在简短文件中，也可以包含在更多详细的文档中，例如对每种服务类型的描述，可预期的质量和待遇（例如礼貌和尊重），服务的改进方式，减少等待时长的目标，引入新技术的计划以及登记处服务中与用户相关的其他内容。

该标准还应涵盖出现问题时的情况。登记处应与用户保持适当的沟通，例如，如果出现问题，用户应该能够知道将会延迟及其原因。标准应描述用户如何投诉（例如通过投诉机制），应提供投诉的详细联系信息，并概述投诉有效的结果（例如退还申请费）。明确声明标准和违反标准的补救措施有助于减少腐败的机会。

登记处采纳标准后，在发布之前应该对工作人员进行培训，解释说明标准的含义、目的，以及不符合标准时的情况。工作人员应意识到必须回答用户提出的每一个问题，应同时建立投诉机制。

标准作为独立文件发布，也可以作为其他文件的一部分，例如登记处的业务计划、行为准则和道德规范，或使用登记服务的说明，该出版物可简单也可专业。正式情况下，出版物开头的介绍性信息应由登记处负责人或负责的部长签署（确认登记处应独立于政治，但也属于公共服务）。标准可通过各种方式分发，例如布告栏、小手册、画册以及登记处网站。

应监控提供服务的过程，并将结果与已发布的标准进行比较。记录投诉数量，结果应包含在登记处的年度报告中，并在公告板和网络发布，以建立信任、透明和开放的环境。

根据标准对服务过程进行监控应该成为持续改进计划的一部分（请参阅第5章中的"持续改进和变更管理"）。基于登记处的规模，监控结果可以由管理人员，评估此类数据的专家或由小型团队来解释。应找出差异，调查原因，在需要时制定适当的对策。有时诸如经济危机或内乱之类的因素将导致登记处遗漏部分目标。由于这些因素不在登记处的控制范围之内，因此无法解决该问题。但在许多情况下，登记处可以重新设计流程并进行更改以改善其运营和对用户的服务。

3.4 改善与用户的沟通

为用户提供信息，信息和宣传对于用户服务很重要，用户有权知道如何与登记处开展业务。另外，如果用户能更好地了解情况，工作人员面临的问题也会更少，登记处运行将更加有效，人们对此的满意度和信心也更高。

应该使用人们易于理解的语言提供相关信息。用大多数人都能理解的词语来呈现，而非专业术语。对于女性和特殊群体以及弱势或边缘化人群，还可能需要采取不同的方法（请参阅本章中的"改善对女性用户提供的服务"和"改善对特殊群体、弱势群体和边缘化群体提供的服务"）。登记处应提供以下几方面的信息：

• 办公室位置、营业时间、业务内容、用户如何获得这些服务、服务成本以及必须携带的文件等一般信息；

• 服务标准、规定交付每种类型服务需要的时间，以及办公人员无法按时交付时的结果（请参阅本章中的"使用服务标准"）；

• 空白表格旁边须附上完整表格示例；

• 有关登记处拒绝所提交的文件的常见原因（例如由于用户填写不正确的表格或对法律要求的理解有误）；

• 投诉和申诉信息，例如用户如何投诉或申诉相关决定；

• 反腐败信息，例如投诉热线的电话号码或网站地址；

• 特殊信息，例如女性的使用权细则、法律援助或非政府组织（NGO）的联系方式。

明确与用户沟通的策略能够指导沟通活动的整体发展。制定该策略需要了解登记处想要传达的主要信息，评估不同类型的用户，包括其理解水平、使用的语言、互联网使用水平等。这就意味着最有效的方法就是向特定用户群提供必要的信息。

3.5 改善用户服务将如何减少腐败

强调用户导向可以帮助减少腐败。祖拜尔·巴蒂（Zubair Bhatti）于2007—2008年在巴基斯坦旁遮普省 Jhang 区担任地区协调局局长时，要求土地管理部门（登记处）的官员每天提交记录在案的交易清单、应缴税额、交易的其他细节以及买卖双方的手机号码。巴蒂先生随机给买家和卖家打电话，检查其是否被索贿。当工作人员意识到他们的行为受到检查时，腐败行为有所减少，买方和卖方开始报告服务有所改善。

这种模式现在被正式称为"旁遮普积极主动政府模式"，旁遮普政府正在通过短信或电话与公民联系，评估自身绩效。主动服务不是等待投诉，而是询问用户的体验。同时应分析政府官员提供的用户电话号码，防止其提供虚假信息。例如，出现重复的号码可以表明一些工作人员试图损害该过程的执行。

该方式既节约成本，又有助于减少小腐败。公众很高兴登记处能与他们联系，了解他们对所获服务的看法。一位受访者回答说："尊敬的先生，您的信息把我带到了一个理想的国度，让我对政府出台的制衡措施充满了喜悦和欢欣。以前我从未见过这样的事情"（Bhatti Z. K. et al.，2015[①]）。

随着时间的推移，登记处可以对策略和相关活动进行修改，例如使用更有效的传播手段，紧随信息发生的变化，增加或减少传播预算。如果资金允许，登记处可聘请专业公司设计和开展活动。该活动应与政府的总体传播方案相协调，负责政府宣传工作的机构可以提供协助。

与用户沟通的方式不尽相同，如从成本高到成本低，范围从广泛到具体，交付方式从传统到现代，具体包括：

- 办事处的咨询台；
- 在各办事处、其他政府办事处和专业人员办事处以及登记处网站上提供的小册子、传单和手册；
- 使用电话或互联网查询服务的帮助热线；
- 在登记处办公室举行的公开会议和开放日；
- 标志和广告牌；
- 传统媒体，如报纸和广告、电视和广播节目、采访和商业广告。新闻发布会和采访因为常与其他新闻同时播放，所以与公众沟通是一种经济有效的方式。报纸上的文章也可以针对时事进行评论；
- 互联网和社交媒体，例如登记处网站上的常见问题和其他信息，以及社交媒体和互联网广告；
- 智能手机的应用程序；
- 网络视频渠道。

与关键用户群体紧密合作，可以廉价而有效地测试各类设想。这类群体例如：用户委员会（见第 5 章中"相关制度改进"一节）、专业人员、女性代表和非政府组织。他们可以就传播方式和信息开发提供意见，甚至就字体大小和

---

① Quotation and information from Bhatti Z. K., Zall Kusek J., Verheijen T. 2015. Smart government solutions from South Asia. Washington，DC，World Bank，p. 50（available at openknowledge. worldbank. org/bitstream/ handle/10986/20487/9781464803123. pdf? sequence＝1）.

纸张颜色等小事提出建议。

了解用户的观点

用户调查是了解用户想法和改进工作方式的有效方式。其可以针对一般公众，也可以针对特定群体，如专业人士、银行和政府机构。获取信息的方式有多种，例如：

现场反馈：要求用户对及时得到的服务进行评价。可以在柜台上放置简单的电子装置（标有"好""中"和"差"的按钮），贴上标牌，请用户对服务进行评价。其他有效而廉价的收集意见的方式如意见箱和网络反馈。

问卷：问卷可交给用户填写并留在办公室，也可以在用户等待服务时或服务结束后在公共接待区与用户面谈。要求使用在线服务的用户填写问卷，也可以通过电子邮件向所有用户发送问卷。

正式调查：聘请独立调查公司对个别用户和关键群体进行深入调查。

工作人员调查：可以通过电话热线或咨询服务等方式，从每天与用户沟通的工作人员那里收集信息。

对信息的需求应与制作信息的时间和成本相平衡，包括用户提供意见所花费的时间。详细调查的费用可能很高，因为必须有人提出问题、记录答复并整理结果。如果登记处缺乏专业技能或包括需要中立的受访者，则必须将该工作外包。简单的调查表提供的信息较少，但使用起来更方便、更经济。

征求用户意见不是一次性的工作，应定期调查来监测变化，特别是在服务改革后。由于费用问题，通常不会每年都进行详细的调查，因此可以在两次调查之间采用其他方式获取意见。每次新的调查都应该使用与以前调查相同的问题，以便比较结果。

调查的选题取决于登记处需要了解的信息。通常情况下，调查表从有关用户的一般问题开始（如年龄、性别、使用服务的频率），特别是关于服务的具体问题和一些开放性问题，让用户表达其意见。同时需要为建议或批评提供空间。调查应该按性别分类收集数据，以便改进对女性用户的服务（见本章"改善对女性用户的服务"）。

调查结果有助于提高标准、处理特殊问题、业务规划和沟通。调查结果应予公布，以提高登记处的透明度和公开性。调查结果可列入登记处的年度报告，在其网站上展示，在会议上介绍，或在文件或小册子中发布，应通过新闻发布会等方式公布结果。

用户往往习惯于优质的服务，所以一段时间后，除非持续推出改进措施，否则用户对优质服务的满意度会降低。而改进对用户的服务是持续性工作，因此应该有可能保持（甚至提高）用户对登记处的评价。

3.6 改善对女性用户的服务

女性在保护和使用其权属权利时往往面临特殊的障碍，因此，如果登记处要向女性用户提供良好的服务，就需要采取特殊的步骤。许多方式的费用很低或没有费用，而且不存在操作困难，其可以建立在现有举措的基础上来改善用户服务。可以解决的领域包括：

①两性平等和任期评估。第一步是确定影响希望使用服务的女性的具体问题。评估必须考虑到女性用户的需求及其遇到的障碍。

②法律框架是向女性提供服务的基础。登记处的服务将与女性无关，除非法律允许女性拥有并可以自由使用该权利，通过继承、离婚或其他方式获取该权利。应审查和修正法律框架（如有必要），以消除阻碍女性获得、使用和记录其权属权利的障碍。可能有必要在法律中列入积极的声明，要求官员和其他人员采取特别措施，承认女性的权利。为了克服可能阻止女性享有与男性平等地位的微妙的文化障碍，上述工作都是有必要的。

③登记处工作人员是服务女性用户的宝贵资源。男女工作人员的适当搭配，特别是在服务台，有助于使女性顾客感到更受欢迎。所有工作人员都应接受有关两性平等和服务女性顾客的培训。可以通过设立性别问题协调干事来促进这项工作，该干事可以提高工作人员的技能并促进对女性用户的服务。

④为女性提供了解服务的机会。普及法律知识非常重要，这样大多数人，特别是老年和农村女性知道自己的权利。这也是通过强调法定权利和法律中的规范来改变传统观念和习俗的一种手段。具体措施包括：

• 使用简单的文字来确定所有涉及女性权属权利的相关法律，如继承、离婚、记录权、所有权和使用权；

• 可通过地方政府、社会服务机构、非政府组织、银行和专业人员广泛分发关于女性和权属权利的小册子；

• 针对女性及其权属权利的运动，包括广播和电视台采访；

• 在登记处办公室或社区中心举办开放日，并与当地社区领导和女性代表合作，确保女性了解并参加这些活动；

• 建立列出对女性有帮助的相关法律、服务和联系方式的网站；

• 在登记处的年度报告中报告按性别分列的用户、所有权和其他权属权利的数字，以及登记处在改善对女性服务方面的成就。

⑤提供服务。女性在家中通常承担着许多责任（如照顾孩子、照顾老人、家务、在家工作），需从事非家务工作，或难以前往位于市中心的办事处。这

些障碍可以通过几种方式解决，例如：在性别和权属权利相关法律、问题和服务方面受过专业培训的工作人员可以通过电话或网络查询服务向女性提供信息或咨询。登记处可以提前开放和推迟关闭，以满足无法在传统办公时间内前往登记处的人的需求，随着公共行政部门对用户需求的回应，这种趋势越来越明显。此外，有可能在特定时间或在一周的特定日期在登记处办公室专门处理女性的问询。可以在社区中心或甚至在女性家中向她们提供流动式服务。

3.7 改善对特殊群体、弱势群体和边缘化群体提供的服务

大量边缘化或弱势用户可能需要特别援助，如残疾人、语言障碍者或其他少数群体，包括土著民、儿童、老年人和文盲。可以采用多步骤的方式来改善对他们的服务。

• 确定特殊群体及其面临的障碍。可通过与负责该群体的政府机构、学术群体、非政府组织和代表该群体的社区成员合作来完成。登记处工作管理人员也可以提供关于当地社区的信息。如果资金允许，可由专家进行更正式的社会评估。

• 制定对策，与有关人员或其代表进行测试。

• 培训员工，在广泛介绍相应对策前进行宣传。

• 监测对策的有效性，必要时进行改进。

还可以基于为女性提供的相关服务进行修改，使其适用于其他弱势群体（见本章"改善对女性用户的服务"）。具体包括：

• 与政府机构或非政府组织合作，为用户在登记处遇到的问题制定解决方案；

• 确保在登记处工作的员工，特别是前台，有来自不同社会、种族、语言或拥有其他背景；

• 培训员工和管理层，使其了解特殊群体的需要，并解释他们可以做什么以提供优质服务；

• 设立联络点，至少配备一名专门为特殊需求群体提供服务的人员，并在登记处推广该服务；

• 以纯文本、非法律文本和大字体设计出版物，并使用视觉（而不仅仅是书面）手段进行宣传；

• 以所有相关语言发布信息；

• 修改法律以消除障碍，并加入有助于包容性的条款；

• 在程序手册中具体说明如何处理特殊情况，如不识字的人如何签字，并向公众和专业人员提供该信息（见第 7 章中关于处理欺诈和错误的操作手册）。

补充资料：

FAO. 2014. Respecting free，prior and informed consent. （available at www. fao. org/docrep/019/i3496e/i3496e. pdf）.

FAO. 2013. Governing land for women and men. （available at www. fao. org/docrep/017/i3114e/i3114e. pdf）.

FAO. 2016. Responsible governance of tenure and the law：a technical guide for lawyers and other legal service providers. （available at www. fao. org/3/a-i5449e. pdf）.

World Bank/FAO/IFAD （International Fund for Agricultural Development）. 2009. Agriculture and gender sourcebook. （available at www. genderinag. org/content/genderagriculture-sourcebook）.

World Bank. 2005. Gender issues and best practices in land administration projects：a synthesis report. （available at openknowledge. worldbank. org/handle/10986/8355）.

Website：www. unwomen. org

3.8 如何通过提高程序效率改进服务

改善用户服务可能需要改进耗时、复杂和昂贵的程序。改进程序不是一次性的工作，随着法律框架的变化、新技术的出现、用户需求的变化，以及登记处发现新的问题，应不断审查和修订程序。

重新设计程序首先要审查目前的情况。应确定每一个步骤以及要求和规范该步骤的法律、条例或做法。应从法律要求和最佳运作方式的角度分析这些步骤。在制定新的程序时，可以采用同样的方法。每当采用新程序时，应评估对成本和时限的影响，必要时对程序进行调整。

常见导致延误和错误的问题应记录在案。分析各类问题，找出原因和可能的解决办法。让有经验的管理和工作人员参与查明低效率的问题，并评估拟议的改革是否能在实践中发挥作用。可以请固定客户（如专业人员和银行）找出问题和可能的解决办法。

对记录每一类交易步骤和要求的分析应涉及以下方面：

①删除不必要的步骤。工作程序往往有许多不必要的步骤。应该对每一个步骤进行评估，以确定其是否必要，是否是法律要求或其他强制性的步骤，只有满足上述情况的步骤应予保留，重复的任务应予取消。

②删除不必要的要求。在识别土地状况和权利所有人，或对土地权属权利进行必要变更等业务时，登记处只能要求提供满足法律规定必需的信息和文件。如果登记处已经掌握某一文件，就不应要求用户再次提供该文件；如果工作人员可以根据原始文件制作副本，就不应要求认证该副本，只有在必要时工作人员才能制作副本。应当明确列出每类交易所需的文件，同时说明不需要的文件。登记处应消除一种为了以防万一而要求提供更多信息的文化。

③最大限度提高工作人员的效率和技能。如果让高技能的工作人员处理资格较低的人也同样能完成的任务，效率就会很低。所以应将程序分为不同的步骤，让不同能力的工作人员发挥最大的价值。例如：前台可以培训一名工作人员学会使用检查表核验各类文件是否符合基本要求，是否提供了必要的文件，以及是否已经支付费用。然后，可以将该文件转交给更专业的工作人员进行处理。

④测试修订后的程序。法律、规范和程序的新规定应由有经验的工作人员和部分用户共同测试，以确保相关改进能够被合理执行和在广泛实施前时确认其是适当的。

⑤提供培训并宣传新程序。应向工作人员和老用户提供有关程序变更的培训。编写并向公众和其他用户分发关于程序变化及其影响的资料。

⑥修改法律以提高工作效率。如有必要，应修订法律和条例，删除不必要的步骤和要求，并制定新的简化程序。

3.9 法律援助如何帮助提供服务

在发达经济体中，交易通常涉及专业人员（即使其作用并非强制性），服务费用在购买地块的总交易费用中只占小部分；相反，在许多发展中经济体，专业服务费用是很多用户的主要障碍。在法律只允许律师提供法律咨询意见的国家，这可能是一个严重的问题：即登记处工作人员（非律师）可以就用户申请提供咨询，但不能提供法律咨询。

除了专业的法律顾问，法律援助中心还可以在协助用户与登记处沟通方面发挥重要作用。在部分国家，咨询意见可以由律师提供，也可以由其他法律服务提供者，如律师助理提供。登记处工作人员应当能够帮助用户找到法律顾问。登记处可以列出一份律师和其他法律服务提供者的名单，帮助用户处理案件和问题。

补充资料

FAO. 2016. Responsible governance of tenure and the law：a technical guide for lawyers and other legal service providers.（available at http：//www. fao. org/3/a-i5449e. pdf).

---

4 改善办公室

办公室的位置和内部设施对用户和工作人员的体验影响很大。本章将探讨即使是在较小和偏远的地区，登记处如何向用户提供服务，以及如何设计办公室以改进服务。

本章要点

• 通过使用一站式商店、多功能服务中心、移动办公室和虚拟办公室等方法来替代独立登记处，改善用户前往登记处的途径。

• 将办公室设在无障碍区域，以改善办公室的基础条件和用户的出入。

• 将办公室分为用户可以访问的前台办公区和工作人员工作、公众不能进入的后台办公区。如有必要，采用安全系统将两个区域分开。

• 为前台提供舒适的环境，良好的照明、家具和其他设施。

• 通过提供清晰的标志、信息面板和出版物、接待台和其他以用户为中心的设施，方便用户轻松获取信息。

• 考虑引入其他服务，如在登记处提供银行和法律咨询服务，以协助用户处理相关业务。

• 通过良好的办公设计，如前后台分离、提供信息和服务标准、投诉箱和投诉热线等手段，协助反腐工作。

4.1 改善与办公室的联系

传统上是通过专门的登记处向用户提供服务，但现在也可以考虑使用其他类型的办公室。部分变化是出于节约成本的需要，因此，办公室有时与其他权属机构（"一站式商店"），甚至与不相关的政府机构（多个服务中心）设在一起，这些方法也是为了改善获得服务的机会。同样，引入移动办公室不仅是为了节省设立若干小型固定办公室的费用，而且也是为了改进服务的方式。在其他情况下，信息通信技术的发展带来了一些创新，因为人们不再需要前往办公室或依赖邮政服务，由此增加了虚拟办公的机会。

在上述方案中嵌入前台和后台的概念。用户办业务到前台，而交易处理则在后台。信息通信技术并不是必不可少的，但引入该技术可以使前台与后台办公区分离。任何办公区，即使是移动办公区，只要与后台办公区相连，就可以提供全方位服务，而后台办公区可以设在任何地方（见本章中"前台与后台的分离"）。

可选用的办公室类型包括：

①传统的登记处。无论登记处是在一个集中式办公室（通常在首都）还是通过若干分散的办公室开展工作，传统做法是在一个实际地点提供所有服务，公众可前往获取信息或记录其文件，工作人员则在此处理申请（使用分散的办事处使服务更接近更多的用户，但会产生额外的费用，需要更多的工作人员）。

②"一站式商店"。"一站式商店"一直是土地管理部门推荐的一种做法，因为各种流程往往涉及多个机构。这种方式将几个机构安排在同一地点，用户不必再从一个办公室到另一个办公室去提交和收集各种文件并付款。对于登记处来说，一站式服务可以是前台和后台的所在地，或者只提供前台服务，交易业务在其他地方的后台进行处理。

③多服务中心或多功能中心。多服务中心（多功能中心）是"一站式服务"概念的延伸。此类中心整合了不同政府部委和机构的服务，包括登记、护照服务、汽车登记、健康检查等。作为各部委和机构的前台办公室，借助适当的信息通信技术系统，可以通过与独立的后台办公区连接，提供信息和记录应用。俄罗斯联邦拥有大量此类中心网络，其中包括一个公证处，以便对涉及购买或继承交易的用户可以在登记处记录文件。

④移动办公室。移动办公室可以比较经济地替代偏远地区的常设办公室。移动办公室可以定期或应要求前往社区，在社区设立现场办事处，或挨家挨户地走访。通常情况下，登记处将与当地社区部门合作提供这种服务。移动办公室也有助于行动不便的人和那些在家中负有许多责任的人，如女性。

移动办公室可以只由一辆车、一名登记处工作人员和提供服务所需的材料和设备（如计算机、扫描仪、复印机和打印机）组成。纸质系统可向用户提供适当的表格，并将填好的文件送回后台处理，下次访问时提供结果。可以上网的地方能够立即处理申请。部分地区已经引入移动办公室。在阿塞拜疆，移动办公室已与多个服务中心的概念相结合，公共汽车通过使用互联网可以向偏远地区提供一系列服务（见视频 http：//www. youtube. com/watch？ v＝av78W2sekIY）。

⑤虚拟办公室。互联网一直是许多登记处提供信息的重要途径，随着网上

交易的引入，特别是对专业人员和银行等固定用户而言，互联网愈加重要。成本削减措施和效率的提高可能导致实体前台办公室越来越多地被网站和用户帮助热线所取代。

对于使用在线服务的人来说，提供服务的实际位置并不重要，他们只与虚拟办公室进行互动。例如，荷兰有 6 个办公室记录契约，但总体工作集中管理，这样可以将工作分配给不同的办公室，以便采用以最有效的方式进行处理。虽然用户可以通过预约到实体办事处，但此类情况已不常见。同样，在前南斯拉夫的马其顿共和国，由于迅速采用数字签名和在线提交文件，用户很少需要到实体办公室。

纸质系统与虚拟登记处也可以同时工作。类似于传统的公司股份登记处，例如澳大利亚的捕鱼权登记处：没有前台，只有网站、电话号码和邮局地址。用户将文件寄到邮局地址，然后使用网站获取信息。

4.2　前台与后台的分离

一个好的做法是在办公区中，将用户办理业务的区域和不应进入的区域区分开来。前台办公区用于用户获取信息和表格、提交申请和付款，其中有少数工作人员，他们的工作是与用户沟通。后台用于处理申请和保存档案。前台和后台可以在同一栋楼内，也可以在不同地方，如果在同一栋楼里，通常会有门锁或安全装置，避免公众进入后台办公区。

将前台与后台分开，可以减少腐败的机会，还可以提高交易处理效率，因为工作人员不会经常被用户打断，而且如果将公众排除在外，文件会更加安全。后台员工也可以积累更多经验和能力，便于和同事学习沟通，并接受规范监督。

职能分离意味着不是每个办公室都需要有相同的人员配置。交易量小的地方只需提供前台，他们可以将申请送到后台处理。一个后台可以为若干个前台服务，这使得在许多地方的登记处可以维持较小规模，并可以直接联系用户。

此种方式还可以与基于纸质文件的系统相协作，因为文件经常在前台和后台之间定期传输。借助信息通信技术系统，前台和后台可以完全一体化，前台可使用电子方式提交信息请求和简单的申请，后台可以立即处理。

4.3　改进办公室的设计

办公室设计和安全是改善用户服务的两个重要方面，也是保护记录、提高透明度、减少腐败机会的重要内容。一个精心设计和安全的办公室可以使工作人员的工作生活更加美好，改善他们对用户和工作的态度。

好的办公室设计有很多方面，有些方面可以快速引入，有些方面则可随着时间推移而引入，比如当一栋新建筑入驻或进行大型装修。改进办公室需要采取的步骤：首先，登记处应编制一份清单，列出已经采用的方案，考虑新布局设计的可能性（如下文所述），估计变更成本和时间。如果资金允许，可聘请建筑公司编制详细的规划，并与设计公司签订合同，编制外观、配色方案、标志等。

翻新可以分阶段进行小规模改进，也可以一次性实施完整的翻修方案。两种情况都需要对各种合同和活动进行监督，确保工程充分完成。至少需要一名工作人员监督这项工作，其必须定期与采购人员合作。如果资金允许，可以聘请一名外部项目经理和质量控制专家协助工作。

需要定期进行翻修，以维护建筑物，也为用户创造热情友好的氛围。即使按照高标准建造或装修的办公室，也很快变得疲劳且不合适。定期的维护和翻新计划向用户和员工传达了一个明确的信息，即他们受到重视。

办公室设计中需要注意的主要方面有：

①办公室的位置。办公室应位于容易到达的地区，公共交通便利，靠近公共服务区。通常可以与其他政府办公室设在一起，如设在一站式商店和多个服务中心。

②品牌。登记处可以使用独特的色彩方案、标志和其他可识别的特征。工作人员可以穿着标准色服装或统一的制服。这些元素可以使办公室迅速被用户识别，并能提高工作人员的士气。

③标识。清晰的指示牌，大号字体，包含登记处的标志，准确表明办公室的身份。这些标志应放置在办公室外面、入口处和内部，使用户清楚地了解办公室内的去向，例如到哪个柜台办理某项服务。

④出入通道。前台办公区应设在一层，入口宽大（适合残疾人使用），避免设置台阶或提供坡道。如果办公室不在一层，则需通过电梯或升降机进入。

⑤接待区。前台应开阔、明亮、通风、整洁，有大量合适的座位供公众等候，并配备写字台。建议接待区还应包括：卫生间、银行柜员机和其他支付机器、叫号系统、饮水机、急救箱、儿童娱乐区、灭火器、免费 WiFi、电视。

⑥柜台。应配备接待台，用户可以获得正确柜台的信息和指示。特定柜台可提供特定服务，或者所有柜台都可以提供全方位服务。在某些情况下，应为女性设立单独的柜台。至少调整一个柜台，为需要坐着的人和坐轮椅的人提供服务。

⑦信息和表格。用户需要了解服务内容、开放时间、记录文件的要求、涉及的费用、投诉和上诉选择等事项。应当公布服务标准，以便让公众了解处理

一份文件或申请需要的时长，以及如果登记处不符合标准的后果（见第 3 章中"使用服务标准"一节）。可以通过小册子、宣传栏和电脑显示器提供信息，接待处的工作人员应该具备回答常见问题的能力。

⑧会谈室。至少应该有一个房间可以与用户私下会面，保证其可以在不被别人听到的情况下谈论个人问题，应该提供纸巾盒。在涉及死亡（和继承）和离婚等敏感问题的案件中，独立的会谈间特别重要。房间至少有一面须用玻璃制成，以减少腐败或骚扰的风险。

⑨安全问题。前台办公区应与后台办公区分开，以确保后台办公区的文件安全，工作人员不受用户干扰（见本章中的"前台与后台的分离"一节）。此外，根据当地环境，有时还需要有一套安全系统来保护整个大楼，如在窗户上安装铁栏杆，配备保安人员。

⑩档案或档案室。档案应存放在一个可上锁的单独房间。防火和灭火设备应该是档案室的标准要求，可以是一桶沙子，也可以是一个氩气系统。从安全角度来看，稳定和方便的架子也很重要。

⑪付款方式。用户应能在办公室使用现金或电子支付方式支付服务费用。如果他们只能通过银行支付，则需在登记处开设小型银行分理处。在提供网上服务的情况下，必须提供现金以外的其他支付方式。

⑫法律和公证服务。该服务由政府、非政府组织或私营公司提供，办公室需安排相应的工作空间，在设计中应纳入专门房间和等候区（见第 3 章中"法律援助如何帮助提供服务"一节）。

⑬地方文化要求。应尊重此类要求，并增加可能需要的设施，如男女分开的入口或接待区，以及具有宗教义务的房间或区域（特别是对工作人员）。

4.4　如何通过改进办公室设计来减少腐败

良好的办公室设计能够通过以下途径减少腐败发生的可能性：

前台与后台分离，在前台显著的位置展示各类信息，如收费标准、各种要求和开放时间；展示服务标准，特别是处理申请所需时间；提供投诉箱和反腐败信息，包括举报涉嫌腐败行为的电话号码或网址；提供会谈室，为咨询提供保密性，但同时也应让其他人看到，防止非法交易和其他腐败行为。

5 改善管理方式

为了向用户提供良好的服务，需要对登记处进行良好的管理。本章探讨了应以用户为中心的 3 个方面：机构设置方面、规划方面和监测以及财务方面。

本章要点

• 通过设立管理委员会监督登记处的发展方向，提高透明度，并通过吸收外部成员带来更多的专业知识来改进体制安排。

• 设立用户委员会，由登记处主要用户（专业人员、银行）和需重点改善的群体（妇女、边缘或弱势群体）的代表组成，该委员会可以为登记处的用户提供咨询意见并代表用户。

• 定期完成报告方案，从年度报告开始，涵盖业务、财务事项、特别倡议和计划。以纸质和电子形式发布报告，并进行宣传。

• 通过引入战略和业务规划，以及设立一个负责报告进展情况的部门来进行规划改进。这个过程从设立任务、愿景和目标开始，在此基础上制定战略计划。年度业务计划将战略转化为实现目标而采取的实际行动。对结果进行日常监测和报告也是不可或缺的一部分。

• 通过运用业务会计和规划标准来改善财务管理，这些标准涵盖了未来支出和收入预期。

• 采用持续改进和变革管理方案，定期审查登记处的运作情况，并采取改进措施。

• 通过各种措施，包括设立服务标准、程序重组、办公室设计、体制安排、员工政策、培训、程序手册和信息通信技术，打击登记处的腐败现象。

5.1 相关制度改进

良好的体制安排将有助于登记处的全面管理，改善登记处的服务以及声誉，并引入《准则》所倡导的制衡措施减少腐败（见本章中的"反腐败"部分）。

登记处往往是一个政府组织或部委的一个组成部分，但现如今独立和自负盈亏的组织越来越多。因此，有些登记处会采用公司结构。这便产生了许多可能性，其中一些可能性在下文中作了说明，但无论采用何种方法，登记处都应不受政治压力的影响。

执行官：传统做法是由首席登记官员负责登记处运营进行总体管理，并负责制定和实施战略。登记处的日常管理由首席登记官员领导下的各管理人员负责。

董事会：董事会全面负责管理、规划、报告和组织事项。常见的一种选择是董事会由登记处各单位的首席登记官和高级管理人员组成。另一种选择是在董事会中包括来自登记处和政府以外的成员。将外部成员纳入董事会有助于提高透明度、拓宽专业知识、改进决策，并可提供与登记册用户的直接联系。董事会的外部成员可带来不同的技能和知识（如管理、财务和规划），并可包括妇女用户和有特殊需要的用户的代表。必要时，董事会可设立委员会进行调查和汇报。

用户委员会：用户委员会在登记处与其用户代表之间建立了直接联系，它们是改善沟通、服务、治理和透明度的另一种选择。用户委员会是由用户组成的团体，他们定期与登记处工作人员会面，讨论问题、考虑新的想法并发表意见，尤其是与新举措相关的意见，并会就如何改进登记处的业务提出建议。理事会的成员可来自专业人员，并应包括使用登记处的用户的代表，包括妇女和有特殊需要的人。理事会应定期举行会议（例如每年 3～4 次），并有正式议程和会议记录。会议记录应予以公布，以提高登记处的透明度和公开性，并使每个人都能从这些信息中受益。

监察员：监察员可通过帮助用户解决与登记处之间的问题，并了解什么可以做，什么不可以做，从而在体制改进方面发挥有益的作用。

报告：报告有助于改善人们对登记处作为可信任的透明、开放的组织的认识，同时也有助于减少腐败。登记处应当以纸质和电子形式公布年度报告。报告应涵盖财务事项（如收入和支出）、服务标准的实现情况、特别计划（如改进服务）和改进服务的未来计划。公布调查结果，有助于营造开放的氛围，如采取用户调查。这类报告为登记处赢得媒体关注创造了机会，从而得以进行免费宣传，进一步促进了登记处的发展（见第 3 章"使用服务标准"和"改善与用户的沟通"两节）。

补充资料

OECD. 2004. Principles of corporate governance，chapter Ⅵ．（available at http：//www. oecd. org/corporate/ca/corporategovernanceprinciples/31557724. pdf）.

OECD. 2015. Guidelines on corporate governance of state-owned enterprises，chapter Ⅶ．（available at http：//www. oecd. org/corporate/ca/corporateg-overnanceofstate-ownedenterprises/34803211. pdf）.

5.2 改进规划和监督

改进用户服务需要在各个层面进行规划。根据登记处的任务授权确定其愿景和目标，并制定战略计划和业务计划。一般情况下制定多年战略计划和年度业务计划是常见的，战略计划的时间框架由业务内部因素和外部因素决定。然后需要对这些计划的执行情况进行监督（参见本章的"愿景、目标、战略计划和业务计划示例"一节）。

了解用户的需求和期望，然后在制定愿景、目标、战略计划和业务计划时加以利用是非常重要的。这种做法是以结构化和透明化的方式满足用户需求的手段，也是实施政府职能范围内的举措的手段。因此，在这一进程开始时，登记处应当了解用户对目前所提供服务的质量和及时性的看法以及他们所希望看到的任何新服务。通常需要进行某种形式的用户调查以获得这种信息（见第3章中"改善与用户的沟通"一节）。

愿景、目标、战略和业务计划应当由登记处的高级管理层制定。由于时间和专业知识的限制，登记处通常会聘请顾问协助管理层制定这些计划。值得一提的是，在所有的阶段，管理层都要通过讲习班和定期互动与工作人员进行协商，他们要充分参与并在结论、建议和最终产品方面与工作人员达成一致。战略计划应得到管理委员会和作为登记处所有者政府的批准。业务计划应当由管理委员会批准，并酌情由政府批准。

任务、愿景和目标。登记处需要首先考虑法律以及政府的各种政策和举措对它的要求，还需要考虑整个政府和登记处的核心价值。以此为基础，登记处就可以制定自己的愿景和目标，并且与政府总体愿景相适应。例如，如果政府的重点是电子政务服务、权力下放、反腐败措施和对少数民族社区的支持，那么登记处就需要考虑到这些问题。如果其他相关组织也已经制定了战略，登记处也需要考虑。

战略计划：战略计划规定了实现既定目标所需的方法（战略），这些方法与任务和核心价值相一致。每项战略都需要制定总体时间表、风险评估和相关的缓解措施。第一步应当是利用管理工具，如对优势、劣势、机会和威胁的分析（即 SWOT 分析），评估登记处的现有能力和资源。一旦确定了关键的制约因素和问题，就应进行更详细的审查。初步调查完成后，就可以制定一套战略，例如：

• 基于对组织结构的分析的人力资源战略，包括技能水平、每种技能水平的工作人员人数、工作人员的年龄范围（包括因退休而造成的预计离职率）；工作人员的职业发展前景；因工资水平而难以获得的技能（如信息和通信技术、法律或测量）；培训资源和提供培训的能力；信息和通信技术及信息管理战略，尤指根据对设备和软件的更新、特别资金安排、工作人员留用以及持续和快速培训方案的分析，取代离职的信息和通信技术专业人员。

• 信息、通信技术和信息管理战略，基于对设备和软件更新、特别供资安排、工作人员留用和持续快速培训方案的分析，以取代离职的信息和通信技术专业工作人员。

• 政策和监管战略，基于对相关政策和法律的分析，将愿景变为现实所需且必要的改变。

• 收入和支出战略，基于对服务收费和税收的分析，以及对未来几年的预测，这些预测应与提供服务所产生的费用和未来年份计划的任何投资（如生产目标、新建筑/翻新建筑）相比较。自筹资金的机构需要进行成本回收研究和制定相关战略。

• 投资战略，超越了成本回收，应基于对投资优先事项的分析，如与改善服务、人力资源、技术和资产有关的投资战略。

业务计划：业务计划评估登记处的现状，包括其局限性，并制订基于时间的计划来实现这些目标。对于每一项战略，都应制订包含年度目标的具体业务计划。年度业务计划规定了临时的行动和目标，可用于监测战略目标的实现情况。并且它们还包含下一年要开展的具体工作计划。

监测和评价：需要仔细监测各种战略和计划，同时应考虑到已经进行的风险评估。开发监测和评价软件也是有必要的，并且应该专门设立一个小型部门，负责监测和评价业务计划的执行情况。登记处应确保实施工作时考虑到任何可能存在的依赖关系（即在实现下一个目标之前必须先达到一个目标）和不可预见的意外变化或以前没有预期的新的政府政策。在计划过程中确定的风险缓解措施也将需要得到应用。此外还应编写年度进展报告和下一年的业务修订计划。

负责监测和评估的团队不需要很大，但至少应包括一名有经验和有能力的人，他们能够理解愿景、目标和战略，明晰制定这些目标和战略的原因，以及这些目标和战略能否产生预期的影响。

5.3 愿景、目标、战略计划和业务计划示例

愿景、目标、战略计划和业务计划应遵循登记处的任务授权和政府的总体设想。下文将举例进行解释。

愿景示例：为销售、抵押、租赁和其他交易的记录提供迅速而可靠的用户服务。

目标示例：到 20××年年底，达到：

• 提供在线查阅数据库中信息的机会；
• 在提出申请后 4 小时内记录抵押贷款；
• 在提出申请后 24 小时内记录所有其他交易；
• 建立赔偿基金并提供充足的资金，并设立一个独立的机制来评估向登记处提出的索赔。

战略示例：

• 重新设计办公室流程以提供更精简的服务；
• 更新信息系统以提供在线服务；
• 每周至少为农村社区提供一次移动服务；
• 将收费水平降低 20%。

20××年的一个业务计划的示例：

• 翻修 X、Y 和 Z 地点的办公室，将前台和后台分开，并提供柜台、详细的告示板、投诉箱和热线号码、排队购票系统、为用户提供足够的座位以及提供国家新闻节目的电视。

• 投标并完成信息通信技术系统模块的制作，以便在 3 月 31 日前向专业人员和银行提供在线服务；在 9 月 30 日前收到用户的反馈，并在 11 月 30 日前作出必要修改。

• 购置并配备三辆流动服务车，并在 A、B、C 三地进行试点，为下一年度在全国范围内推广提供分析和建议。

• 在 12 月 31 日前，对××员工进行为期两天的反腐败措施和流程简化的培训。

5.4 改善财务管理

提供良好的服务需要稳定的资金。目前已采用各种机制为登记处提供

资金：

- 国家（或地方政府）资助：政府为登记处的运作提供资金，作为回报，登记处收取的费用返还政府。

- 国家融资，可选择赚取和保留额外收入：允许登记处保留其收取的部分费用，特别是因提高效率和创新而产生的费用。

- 国有企业（全部或部分）：登记处作为该部的一个业务部门运作，产生的费用收费包括登记处的运营成本，以及政府的纳税或提交的股息。

- 自筹资金：登记处保留所有费用，作为一个独立实体运作，但可能会纳税。

- 公私合营（完全或部分）：登记处与私营企业合作实施改革（例如引入信息和通信技术），此时费用用于支付私营企业提供的服务。大多数合伙企业的经营方式都是特许经营，在这种特许经营中，企业在一定时期内负责提供服务，并收取相关费用。

无论采用哪种机制，在制定商业模式和确定融资需求时，都必须考虑到一些共同的因素。比如需要编制年度账目并进行年度审计，以确保资金能够正确的核算。公开和透明的采购程序也很重要。另外需要编制年度支出概算，并与将产生的预期收入进行比较。也应将预期收入与往年的实际支出进行比较，以显示变化趋势并确保供资切合实际。

支出预测应与年度工作计划中确定的工作需要相匹配。通常情况下，预测方案应该包括正常的运行费用、可能规划的具体项目和资本投资。编制账目时应雇佣有资质的会计师，另外对登记处有深入了解的人员也要参与。

- 用户：应考虑与用户定期协商所产生的费用，以确保所提供的服务符合他们的期望，并符合服务标准。

- 办公室：即使这些建筑物为政府所有，也应考虑将其用于其他目的的机会成本，租赁或合并办公室等备选方案，以及办公面积与工作人员的比率。另外还应包括维修费用。

- 资产：资产（例如家具、设备、车辆、机械）应在必要时折旧，并确定维护和重置资产的费用。例如，计算机设备的寿命往往很短，可能需要在5年内完全更换。

- 工作人员：应将工作人员人数与每人的工作产出量进行比较，并计算标准规范。也可以根据性别、民族或残疾人士的情况，对员工人数提出符合规范的要求。

- 培训：员工需要接受新技术、新工艺和知识发展方面的培训，并有机会参加正规教育，以提高他们的资历和地位（见第6章"工作人员培训"）。

- 运营成本：包括公用事业费、消耗品（如打印机墨盒、纸张）、交通费、差旅费和日常生活津贴、清洁费、软件许可证费以及与非集中化办事处联系的通信费用。对于规模较大的组织，可以考虑提供食堂、幼儿园和健身中心。其中一些服务可能会使用外包的形式。

- 政府的一般要求：可包括与碳排放、回收和为残疾员工提供通道有关的费用。需要考虑需要降低所有政府部门成本的总体政府政策。其他费用可能涉及电子服务、国际服务标准、记录管理标准和与其他政府服务挂钩的要求。

- 向其他政府部门、地方政府或法院提供信息：可以免费提供，也可以收取费用。经验表明，如果信息是免费提供的，那么需求量会很大，会消耗大量现有资源。但是，如果提供免费的在线信息，成本就会降低很多。

- 债务和其他费用：必须考虑到偿还债务和支付特定任务的咨询、审计费用。

- 补偿基金：许多地区都有一个支付赔偿的基金，这也必须列入预算（见第 7 章"在欺诈和错误的情况下如何使用赔偿基金"一节）。

- 养老金：养老金和裁员费（如果适用）必须被考虑。

收入预测应以往年的经验、外部资助的项目或资本投资方案以及市场的预期活动等为依据。预测应考虑到基于市场交易预期的收费收入、提供新服务的收入、出售资产（如不再需要的办公室）和投资基金的利息。

由于登记处是垄断性质的组织，因此需要进行适当程度的控制，以确保它们不滥用垄断并收取合理的费用。自筹资金的登记处通常是"非营利性的"，其定价政策包括在收入增加超过某一阈值时减少收费。例如，由于 2014 年土地市场强劲，英格兰和威尔士登记处盈余 1.35 亿英镑，因此降低了记录低成本交易的费用（与鼓励低收入群体置业的政策有关），除了正常的分红比例外，还向拥有登记处全部股份的政府支付了 1 亿英镑的特别股息。然而，在经济危机期间，自筹资金的注册登记处的收入可能会急剧减少，这种收入的变化问题也需得到有效解决。例如，由于 2008—2009 年住房市场疲软，同一登记处损失约 1.3 亿英镑，其中包括自愿裁员和提前退休计划相关的费用。

见大不列颠及北爱尔兰联合王国英格兰和威尔士 2008—2009 年土地登记处年度报告和账目（https：//www. gov. uk/government/uploads/system/uploads/attachment data/file/248248/0700. pdf）和 2014　2015 年土地登记处年度报告和账目（https：//www. gov. uk/government/publications/land-registry-annual-report-and-accounts‐2014‐to‐2015）。

5.5　反腐败

腐败是世界各地登记处普遍存在的问题。腐败范围很广，从为确保案件得到迅速处理而送的小礼物到为不正当获取土地或其他资源而支付的大笔资金。这个问题也是联合国粮农组织题为"土地部门的腐败"的特别出版物的主题（见 http://www.fao.org/docrep/014/am943e/am943e00.pdf）。

《准则》中多处涉及对腐败问题的处理方式（如第 5 号一般性原则和第 9 号执行原则），因为腐败是对合法权利的威胁，对穷人和弱势群体的影响比对社会其他成员的影响更大。

可以采取一系列的行动来应对腐败的威胁，并尽量减少这种威胁，例如：

服务标准：告知用户他们的权利，并向他们提供投诉机制，让其知道可以对腐败行为采取行动。工作人员也会明确，登记处会认真对待这一问题，不会容忍腐败行为的产生（见第 3 章中"使用服务标准"一节）。

重新设计流程：登记处必须将工作人员的自由裁量权限制在最低限度。法律、程序和要求应足够明确和直截了当，工作人员只需遵循这些规定即可（见第 3 章中"如何通过提高程序效率改进服务"）。

办公室设计：办公室的设计和装修方式有助于减少腐败机会（见第 4 章"改进办公室的设计"）。

体制方面：登记处的愿景、目标、战略以及业务计划应当涵盖反腐败目标和举措。登记处的年度报告应当列入有关腐败投诉和应对措施的报告。登记处应当有明确的机构任务授权，以确保其他机构不重复其任务（见第 5 章中"相关制度改进"和"愿景、目标、战略计划和业务计划示例"两节）。

工作人员政策：行为准则和道德操守可通过教育工作人员了解什么是可接受的行为来帮助减少腐败。强制执行这些标准和行为会向他们传达一个明确的信息，即只有适当和合乎道德的行为才能被容忍（见第 6 章中"工作人员政策和协议"一节）。

关于反腐败措施的培训：可以涵盖什么是腐败（从小案到大案）、如何识别腐败机会、如何最大限度地降低腐败发生的风险，以及如果工作人员注意到有案件发生该怎么办（见第 6 章"工作人员培训"）。

程序手册：在程序方面存在空白、重叠和混乱的情况下，可能会出现腐败做法。程序手册可确保登记处的要求和规则的明确（见第 7 章"使用程序手册解决欺诈和错误"）。

信息和通信技术：可通过多种方式协助减少腐败和提高透明度，例如减少交易记录或信息获取所需的时间，并使用户能够跟踪交易的进展情况（见第 8 章"引进 ICT 的优势和风险"一节）。

其他的反腐活动包括以下几个方面：
• 征求员工对识别腐败和处理腐败的意见。
• 定期调换敏感岗位的员工。

- 允许用户进行预约。预约制度可以消除官员为帮助用户避免排队而索贿的机会。

- 改善服务的提供。如果服务很少或没有积压，贪污的机会也就基本消失了。

- 推出快递服务，减少用户为加快服务速度而行贿的可能性。有些登记处采用两级收费结构：正常收费和快速收费，以确保在较短的时间内进行登记。另一种方法是根据已公布的准则，引入申请快速登记制度，使得官员能够评估每个案件的紧迫性。

- 通过访谈和调查，征求有代表性的用户对腐败程度、腐败类型以及可采取哪些措施减少腐败的意见。

- 设立热线，例如电话或互联网服务，举报腐败指控，必要时可采用匿名举报形式。

- 引入功能强大、透明和有效的制度来处理有关腐败和其他管治问题的投诉，并就回应投诉制定明确的规则、期限和义务。可考虑进行外部调查，例如由指派监察员进行调查。

- 宣传反腐倡廉的成功案例。例如，如果某人因腐败行为而被成功起诉，可将其案件以匿名的方式公布于众。

- 与其他国家合作以减少腐败。合作伙伴可以包括国家反腐机构、民间社会和国际反腐组织。例如，登记处的反腐败或倡廉部门可配备国家反腐败机构的人员。

5.6 持续改进和变更管理

《准则》实施的十项原则之一是持续改进，该原则呼吁各国"改进权属治理的监测和分析机制，以制定循证方案并确保持续改进"。

该原则与记录系统关系密切，因为记录系统具有操作性，很适合不断改进。但不仅需要不断改进业务。登记处的法律、人力资源、对用户的反应和其他方面都可以接受监督，进行结果分析，并制定改进的运营手段和提供相应服务。质量控制是描述这一过程的另一种方式。

可以利用各种手段收集关于总体业绩和满足用户需求方面的信息。管理人员可以对员工的表现、与用户的互动、遵守程序的情况以及是否达到标准进行评估。绩效评估提供了一个定期向员工提供反馈和讨论如何改进的机会。其他工具包括用户调查、与用户委员会成员进行讨论和建立用户反馈设施（如投诉箱或每个柜台上的简单电子评分机）。

利用信息和通信技术，就可以为整个部门和个别工作人员迅速而方便地生成一系列报告。并可以就记录的数量、记录所花费的时间、必须纠正的错误的频率、被拒绝的申请数量（及原因）以及其他显示系统运作情况的相关因素提出报告。但如果没有信息和通信技术系统，仍然可以像纸质系统中已有保存的记录一样，低效率地保存记录。

监测结果对于履行登记处的报告义务也很重要，便于利益相关方知道登记处运作良好。关键结果可在年度报告中公布，并定期地在登记处网站上进行公示。应当对结果进行分析，以便设计改进业务的方法，使其符合服务标准（见第 3 章"使用服务标准"）。

登记处的持续改进还意味着对新的经营方式持开放态度，对法律变化做出反应，并接受对新技术持开放态度。这意味着在出现变化时要意识到这些变化。同时也意味着管理层必须与邻国和世界各地的其他部委和机构、用户以及其他登记处接触。

持续改进需要变革，变革的范围可以是从小的、容易实施的变革到大的、具有破坏性的变革。小的变革可以用基本技能来管理，但实质性的变革需要变革管理方面的特殊技能及其使用原则。这些措施包括让所有的利益相关者了解变革的原因、变革的时间表和变革目标的进展情况。

变革管理者需要说服员工参与变革，如果遇到阻力，必须及时处理。对变革的结果进行监测和评价（并进行必要的修改），这也是变革管理的重要内容。

尽管在变革管理方面做出了最大的努力，但有些变革仍将是困难的，特别是当这些变革涉及工作人员及其生活和生计时（见本章"管理困难决策"）。

5.7 管理困难决策

即使在变革管理方面进行了最好的尝试，引入变革也可能涉及困难的决策。业界广泛认为佐治亚州采用了许多改进权属权利记录的良好做法。他们的登记处管理层认识到需要提高透明度和效率。该登记处继承了一个庞大的官僚机构，工作人员人数过多：登记处有效运作的人数为 600 人，但这里的工作人员有 2 100 名，并且他们的工资很低，这也使得许多人缺乏动力。针对以上情况，登记处采用了新的招聘程序，以确保相关人员具备所需技能。制定了新的职务描述，并进行公开竞争和资格考试以挑选合适人员。甄选过程包括两个阶段：笔试和由甄选委员会进行的面试，该委员会由司法部、登记处和非政府组织的代表组成。在裁员的同时，还对留用人员进行了培训，并提高了他们的工资。平均月薪从 2004 年的 27 美元增加到 2006 年的约 450 美元。留用人员工资增加的部分一方面来自减少的工作人员的那部分工资，另一方面来自提高的服务费，而服务费在过去是很少的。

在变革之前，登记处与工作人员以及其他利益相关者分享并讨论了该机构的新愿景。工作人员积极参与了关于变革进程的圆桌讨论，成为组织发展的主人翁。这种做法增强了工作人员的能力，提高了他们对变革的认识，增强了对严格实施变革的承诺。虽然有 1 800 人失去了工作，但没有人对这一进程提出法律质疑或指控。被解雇的人承认，这些决定是公平和客观的，并明白没有裙带关系的空间。许多人在私营部门找到了工作：在改革开始时，只有一家私营调查公司，改革后增加到 100 家。

6 改善人力资源

工作人员是登记处的公众形象，工作人员为用户提供服务的方式会给用户留下重要印象。即使用户通过互联网与登记处沟通，工作人员也会参与这一过程。本章确定了通过政策、协议和培训改进服务提供和提高工作人员能力的可能性。

本章要点

- 制定一项人力资源政策，将有关工作人员条件、规则、行为准则和其他相关文件的现行法律汇集在一起。涵盖与工作人员就业有关的各种问题，包括招聘、培训待遇、组织结构、职责、反腐败义务、奖励和与公众的沟通。
- 实施行为和道德准则，指导员工履行职责，为员工提供有关准则的培训，并将准则放在登记处，供公众阅读。
- 对人力资源进行评估，并根据现有资源和登记处的需要，制订培训策略和计划。制订年度培训计划，并向员工宣传。培训主题可包括服务标准和用户服务、技术领域、管理、法律和程序，以及信息和通信技术。
- 确保为有需要的员工提供培训。
- 为所有员工提供有关性别平等和有特殊需要人士的培训。
- 通过各种方式提供培训，如面对面学习、远程学习、网络学习、会议和研讨会等。
- 让登记处的私营部门和其他用户参加登记处关于活动和成就的年度会议。
- 监测、评估和报告培训情况，包括参与者的性别分类。

6.1 工作人员政策和协议

应通过明确界定的人力资源政策以及行为准则和道德规范，对人员配置事项提供全面指导。

（1）人力资源政策

人力资源政策可用于处理与登记处工作人员的雇用条件、义务和应享权利有关的一系列事项。即使其中许多事项已在其他地方（如法律和国家政府的人力资源政策）有所涉及，但将所有相关材料合并在一份文件中也是有益的。同样，人力资源政策应当纳入或至少参考登记处的行为准则和道德规范（见下文），尽管它是一份单独的文件。如果其他法律或政策未述及条件、义务和权利，则登记处可以制定自己的条件、义务和权利，并在其人力资源政策中加以介绍。

虽然每个登记处都可自主决定具体包含的内容，但通常涉及的主题包括：

• 登记处的愿景和目标，以及管理层和工作人员在实现这些目标方面的作用；

• 组织结构、报告渠道、分类、职位等级；

• 工作人员的义务和职责、规范和工作量、工作时间；

• 着装规范；

• 反腐败规则和做法；

• 工作人员定期申报资产；

• 职业发展和进步，以及绩效评估；

• 奖励和表彰计划；

• 征聘做法（包括晋升）；

• 业绩监测和评价，以及升级；

• 病假、休假和其他应享权利；

• 参加培训和技能发展的培训应享权利和规则；

• 与公众、其他政府机构和媒体的沟通；

• 与工作人员代表和工会的关系；

• 对违反法律、程序、政策等行为的纪律处分，这些处分应适用于导致违约行为的积极行为，也适用于遗漏和严重错误；

• 对那些认为自己受到不公平待遇的工作人员的申诉程序，例如在绩效考核和晋升方面；

• 如果登记处是自负盈亏的实体，而不是更广泛的公务员制度的一部分，则应该为工作人员提供养老金和其他福利。

虽然这类政策通常是由管理层制定的，但工作人员代表也应参与其中，因为工作人员将受其约束。政策一旦通过，就需要向工作人员广泛宣传，使他们了解自己的权利、义务和责任。

政策可以解决一些相关问题（见本章"工作人员政策实例"一节）。

（2）行为准则和道德规范

明确、具体的指导对于所有工作人员和管理层在工作中应如何行事、如何处理困难的情况，以及如何对待用户和其他工作人员都是有用的。行为准则和道德规范可以处理这些问题，它应当代表登记处的核心价值及其所代表的内容。准则可向工作人员提供信息，知道他们在遇到困难时，寻求合适对象进行讨论，并为员工明确可能违反纪律的基准；它还可以通过教育工作人员使其了解什么是可接受的行为，从而帮助减少腐败。通过执行这些标准和行为，登记处将释放一个明确的信号，即只有适当和符合道德规范的行为人才能被接受。

准则的细节会因具体情况而有所不同，但都应解决以下问题：

- 该准则适用的范围以及如何应用于日常工作；
- 良好的行为准则和道德操守（例如公正的待遇、尊重法律、诚实和正直、不被歧视和骚扰等问题）；
- 如何与用户沟通（例如确定需要尊重、及时服务和愉快的态度）；
- 如何与其他工作人员沟通（包括禁止骚扰工作人员以及尊重个人和权力结构的必要性）；
- 如何识别和处理腐败或不道德的现象（例如不当影响、赠送礼物以及来自用户或管理层的压力）；
- 对违反标准的回应（例如纪律处分，甚至开除）。

准则应当以小册子的形式出版，并分发给每一位工作人员，还应当张贴在公告栏和登记处的网站上。准则篇幅不需要很长，但应涵盖所有关键问题，它应当是一份具有灵活性的文件，随着情况的变化和新情况的出现而不断发展。

各级工作人员都必须接受遵守准则方面的培训。一旦完成培训，他们应签署一份声明或公开宣誓，保证按照准则行事和履行职责。应当对准则的遵守情况进行长期监测，并在登记处的年度报告和网站上报告结果。

6.2 工作人员政策实例

①识别工作人员的身份。使工作人员易于识别，有助于提高工作人员的士气、透明度和公众对工作人员的尊重，也有助于最大限度地减少腐败的机会。工作人员在打电话时应自我介绍，以便来电者知道他或她在与谁通话。统一制服，或至少是所有员工都穿上共同颜色的制服，以及佩带铭牌，可以让用户快速并容易地识别工作人员。

②工作人员轮换。在办公室内或办公室之间调动员工，可以带来几个好处。员工可以获取提升经验和洞察力，应对新的挑战，并扩大他们的技能和知识。轮换还有助于打击腐败现象，因为如果一个人在登记处的某个职位上任职

时间过长，并与用户建立了密切的关系，就很可能会滋生腐败。吉尔吉斯斯坦认识到处理潜在腐败机会的重要性，并出台了一项政策，每三年将管理人员从一个办公室调到另一个办公室。同样，员工也可以定期从前台办公室调到后台。

③充足的工资和认可。在资源允许的范围内，各国应确保登记处具备人力、物力、财力和其他形式的能力，以执行政策和法律并及时有效地提供服务。薪资和资源不足的工作人员可能会降低为用户服务的积极性。此外，将工资定在适当的水平对于减少腐败也很重要，因为工资低的工作人员可能会觉得有权向用户索取额外的报酬。

④宣誓和资产申报。在许多国家，政治家、法官和高级官员在被任命时必须宣誓。卢旺达对书记官长采用了这种办法，除了宣誓外，还要求他们每年申报个人资产。

⑤灵活的工作人员组合。为确保妇女能够更舒适、更方便地获得服务，前台柜台的男女工作人员应保持平衡。在文化允许的情况下，可以选择和培训女性工作人员，以专门服务女性用户。在一些州，可能有必要为女性设立一个单独的柜台，该柜台只由妇女担任工作人员。同样，应该有来自不同族裔和其他群体的工作人员，登记处可能需要采取特别措施来确保这种多样性。

⑥以所有必要的语言提供适当的服务。许多管辖区都使用一种以上的语言。不同语言群体的用户应当能够以其选择的语言获得适当水平的服务，特别是如果该语言具有官方地位时。登记处应当有来自不同语言群体的工作人员，并且应当为工作人员提供获得技能的机会，使他们能够以一种以上的语言提供服务。

⑦女性用户和有特殊需求的用户的协调中心。登记处应考虑任命一名工作人员（在每个办公室）作为性别问题协调人，此人可扩展更多关于性别和权属权利问题的技能和知识，然后可将其传播给所有工作人员。同样，应指定一名人员作为有特殊需要的用户的协调人。

6.3　工作人员培训

培训对登记处及其业务至关重要。这项工作是一个专门的领域，了解该系统如何运作、如何记录和保护权属权利以及如何向用户提供准确信息和良好服务的人员是非常有必要的。

培训是为了提高和培养登记处的人力资源，而人力资源可能是登记处资源中最难获得和留存的部分。这是因为工作人员获得所需的技能和知识需要很长的时间，而且这些人不能轻易地被取代。培训应被视为登记处开展更广泛的业务活动的一个要素，必须投入资源和计划用于确保登记处拥有开展相应工作所需的技能和知识。战略计划和业务计划应当确保培养高素质和能力强的工作人员，这主要是通过培训实现的。同样，人员配置计划必须考虑到随着高级人员退休而发生的代际变化，以及接替他们所需的时间。

未能对工作人员进行充分培训可能会产生严重后果，包括对业务开展和登记处的声誉造成风险。如果工作人员培训不力，不具备所需的技能和知识，就无法提供良好的用户服务，面对愤怒的用户，会进一步降低用户对工作人员的工作满意度。这些工作人员也很可能会犯错误，从而给用户造成损失，而登记处也可能面临赔偿要求。在培训不足的情况下，也存在滋生腐败的可能性。

（1）制订培训方案

大型登记处通常都有一个专门的培训团队。他们负责制订培训计划、开展调查、收集报告统计数字，并做出行政安排，例如为工作人员登记参加课程、提供指导或安排场地，也可以在单位内部设立一个培训小组，由他们来讲授许多课程。

应以战略性、系统性的方式进行培训。第一步是对现有工作人员的技能、知识和经验进行评估。可以通过向个别工作人员发出问卷调查表或本组织每个办公室或科室的报告，或利用人力资源部门的记录来进行评估。同时，应确定登记处目前和今后在技能和知识方面的需求。一旦明确了差距所在，就可以制定人力资源战略和培训计划（例如五年计划）。该战略和计划应认识到定期提供培训的重要性，在发生变化或需要获得新的技能或知识（如信息和通信技术）时进行一次性培训。应持续监测工作人员的能力和登记处的需求，并将监测结果用于更新计划。

战略和计划应当反映在总体预算中，同时考虑到登记处的收入、需要和战略方向。这涉及各种费用，如课程的开发和交付、材料的准备、设备、差旅、住宿和日常生活津贴。如果要建立培训中心，就必须有设备、家具和经常性费用的预算。另外考察和参加会议可能是一项重要的额外费用。

应制定必要的课程（见本章培训课程的设计）。年度培训计划可以让每个人都知道有哪些课程，并了解每门课程的开设时间，有多少人可以参加，需要多少天。该计划至少应在开始前几个月在内部公布。管理人员应提名工作人员参加培训（通常与他们的年度绩效审核有关），或经管理人员批准后，工作人员可自我提名。对新聘人员的培训应在他们被聘用后尽快进行。

通常最好是在远离日常工作干扰的地方进行培训，以便参与者能够集中精力学习。较大的登记处可以建立专门的培训室或中心。培训中心可用于所有类型的培训，包括关于信息和通信技术系统的培训，因此它应该有桌椅、演示设施和计算机。如果无法建立专门的培训室，可以临时使用其他空间（如会议室或会议厅）。如果没有其他空间，可租用适当的场地，如果无法租用，可在下班后使用前台办公室。

（2）关于性别平等和有特殊需要的人的培训

登记处工作人员通常存在一种误解，即当前不存在性别不平等的相关问题，即使是在女性实际面临各种严重不利环境的地区。而《关于男女土地使用权制度的技术指导》指出，迫切需要政客和官员注意性别相关问题，同理，这也适用于登记处的工作人员。

改善对女性服务的一个重要步骤是提高管理层和工作人员对女性需求和提升对她们面临的问题类型的认识。登记处的每个人都应了解促进或阻碍性别平等的法律和程序。如果登记处保存了按性别划分的权利持有人的数据，那么就应对其进行检查，以确定女性与男性的比例是否相等。如果没有（这种情况经常发生），这种统计数字可以作为证据，证明女性在确定权属权利和接受服务方面处于二等地位。

应当对工作人员进行专门培训，以处理妇女问题及其需求问题。这类培训可以涵盖诸如如何确定所有权利（而不仅仅是所有权）以及如何确定不同的权属权利所有人等主题。这些调查可以发现其他权属权利所有人，而不仅仅是女性，还包括如儿童、缺席的业主和残疾人，否则他们可能会被忽视。培训课程应着重于解决问题的实际办法，而不是问题本身，并尝试制定挑战工作人员想象力的创造性措施。如果员工能够发现问题，那么他们应该能够为问题制定一个好的解决方案。

除了对员工进行一般培训，还应该对那些专门与女性用户沟通的岗位的员工进行额外的培训。此外，还应对操作任何电话咨询服务（如信息热线）的人员进行性别培训，并为工作人员提供信息资料，以便向用户提供信息。

这些事项也直接适用于对工作人员的培训，以便更好地为边缘或弱势群体，包括本地居民和有特殊需要的人提供服务。

补充资料

FAO. 2013. Governing land for women and men. （见 www.fao.org/docrep/017/i3114e/i3114e. pdf）

（3）监测和报告培训结果

有时工作人员必须通过考试才能开始工作，注册登记员的情况也是如此。而其余培训课程的目的是提供信息，而不是要求人员进行考试。在这两种情况下，所有完成课程的参与者都应获得一份证书，将其参加培训的情况应记录在其人事档案中，并详细说明课程名称、参加时间和任何其他相关信息。

每项课程的简要报告应说明以下内容：

• 培训的主题和材料；

• 培训的人数和天数，包括按性别分类的数据；

• 学员的意见，可在课程结束后通过问卷调查获得。如果在课程开始时使用问卷调查，则可将结果与课程结束时的结果进行比较，以了解是否达到预期目标；

• 根据学员和培训师的反馈，提出课程改进的建议。

年度培训报告应概述所开设的课程、学员人数和培训天数、学员性别、培训结果、满意程度、预算支出及其他相关信息。该报告的摘要可纳入注册表的年度报告。

6.4 培训课程设计

培训课程的设计应考虑以下几点：

①主题。所需的培训类型取决于当地的需要、系统的性质和国家在任何时候的需求。然而，从广义上讲，培训可分为多种类型：

• 基本事项，如介绍登记处及其业务、法律框架、体制安排、记录程序、文件管理、信息和通信技术系统、性别问题；

• 服务标准、用户服务、行为和道德准则、反腐败；

• 沟通、解决问题、解决争议；

• 新技术，如新的信息和通信技术系统、数字化文件；

• 具体技术领域，特别是新程序；

• 法律方面的问题，如转让及家庭法、公司法和刑法；

• 识别地块的测量原则和技术；

• 管理；

• 项目管理；

• 专业领域，如档案管理和保护、人力资源管理、会计、信息和通信技术系统管理；

• 语言培训，如果用户中有一个以上的主要语言群体；

• 一次性需求，如文件翻新或数字化所需的技能。

②培训的受益者。所有工作人员和管理人员都需要通过培训获得专业知识和技能。每个人都应接受培训。

培训的另一个重点是与登记处密切合作的普通用户，如专业人员和银行。他们需要了解登记处的需求以及随着时间的推移所发生的变化。通过适当的培训，将提高业务效率，并加强与主要用户群体的联系。法官和法院官员（如执行人员或法警）也可从关于登记处如何运作的基本培训中受益。在一些登记体系中，法官负责登记处的工作，所以这里所说的法官是指那些不从事权属权利记录的人。

③培训者。由谁提供培训的问题取决于所需培训的类型。对于只有登记处工作人员才能提供的专业培训，来自登记处内部的、有经验、有知识的工作人员最适合开发课程并提供培训。如果登记处设有培训部门，该部门的工作人员也可以参加。

在其他情况下，如果需要专门知识，则应征聘登记处以外的人或组织来开发和提供课程。工作人员可以参加课程并从中学习，然后他们未来可为其他工作人员授课。这种"培训教员"的做法可能具有成本效益。外部人员可包括：

- 律师、公证员、测量师、估价师、地产代理等专业人士；
- 各个相关领域的学者，如法律、测量、估价；
- 公共行政、用户服务、性别、信息和通信技术、反腐败、会计、档案、人力资源等领域的外部专家（无论是政府内部还是私营部门）；
- 熟悉登记处业务的退休人员。

④提供培训。提供培训有多种选择，并可以同时使用。对员工的培训可以包括以下内容：

- 在职培训可能是最重要的。培训应涵盖记录业务的核心活动，并与法律和程序手册紧密结合（见第 7 章"使用程序手册处理欺诈和错误"一节）。培训可以在有经验的主管的指导下持续进行。如果某位员工明显需要额外的培训或复习培训，例如他或她犯了太多的错误，那么可以立即让他接受进一步的培训。

- 正式的演讲（面对面或视频）可以在实体教室进行。培训也应该有实践方面的内容，例如角色扮演，让员工可以测试和练习他们的新技能。熟能生巧，建议进行各种角色扮演和练习。实践培训非常适合掌握新技能，特别是新软件和其他技术、用户服务、争议解决和沟通。

- 远程学习，特别是通过网上设施进行的远程学习，可以帮助人们学习专业课程，在登记处有许多分散的办事处且交通不便的情况下，远程学习是很有用的。可为登记处的内联网开发一个培训门户。

- 考察可以帮助工作人员了解其他登记处如何引入新的方法和技术，以及他们如何处理问题。考察要有明确的针对性，使考察的重点放在需要学习的重要事项上；考察的小组要小，使每个人都能听到、看到并提出问题，被考察的登记处要具备相关条件。

会议和研讨会可以成为员工学习的好机会：

• 可为非登记处工作人员提供学习机会：针对专业人员的正式培训课程是很有作用的。例如，可向刚毕业的专业人员和有兴趣使用登记处或在登记处工作的其他人员提供有关登记处要求的一般课程。然后，随着登记处推出的变化和新的服务，可提供具体的专题课程。

• 专业团体（如商会或协会）的年度会议为额外培训提供了一个论坛，因为这些会议通常会吸引许多成员。

此外，还可以为未来的登记处工作人员和专业人员开发大学课程。在现有课程不完全相关的情况下，可以开发新的课程或扩展现有课程。一旦学生毕业，他们便应当具备所需的基本知识和技能。

7 改进解决欺诈、错误和纠纷的方法

客户应该相信他们可以依赖登记处的记录。本章讨论如何通过降低欺诈和错误的风险来提高信息质量。程序手册和标准表格可以成为工作人员在这些情况下使用的重要工具。本章还述及如何管理客户与登记处之间的纠纷，例如在客户不同意登记处决定时的纠纷处理方法。

本章要点

• 各种类型的欺诈会影响登记处以及被欺诈的人。对其主要影响是对记录体系失去信心。如果登记处必须支付赔偿，就会对财务产生影响，如果涉及的属地很有价值，或者存在许多欺诈案件，这种影响可能会非常大。

• 欺诈可能在许多情况下发生，应对登记处的潜在风险进行评估，并在必要时修改程序。

• 降低欺诈风险的措施包括安全摄像头，文件中的安全设备，与专业人员、银行和警察合作，以及与用户接触。

• 登记处表中有时还会出现错误，尽管大多数都是轻微的，并且很容易修复，但重要的是要使纠正程序清晰且有据可查。

• 人事程序手册是减少欺诈和错误风险的一种手段，它应规定记录文档的规则和要注意的特殊功能，并应有助于提供良好的用户服务，应该对员工进行有关如何使用本手册的培训。

• 标准表格是进一步降低问题风险，尤其是错误风险的方法。即使交易细节出现在附加表格上的另一文件中，也应从表格中清楚地识别地块、权属权利所有人和权利。

• 用户应该有一种对登记处的决定进行投诉和申诉的方式，这种方式使用起来要清晰、快速和简单，登记处还应该对时间限制做出响应，并有义务告知用户。

• 赔偿基金是在发生欺诈或严重错误时处理经济损失的一种方式，该基金应该有足够的资金来履行其目前和潜在的所有义务。

• 所有遭受损失的人无须诉诸法庭就可以获得赔偿基金。

• 通过提供专家建议，登记处可以在解决人与人之间的纠纷中发挥有益的作用。

7.1 改善欺诈行为的处理方式

诈骗是一种刑事犯罪，会对被诈骗的人（以及遭受经济损失和情感压力的人）产生严重的负面影响。欺诈作为一种旨在欺骗的行为，也会对登记处产生负面影响。

常见的欺诈类型包括盗窃、伪造文件和证书、未经授权更改记录、身份欺诈、滥用授权委托书或其他信任关系。欺诈有可能是有特殊访问权限的员工实施的，因为工作便利从而有更多的机会进行欺诈，如更改记录、删除信息或销毁文件，甚至出售信息给他人的行为。腐败行为也可以被视为欺诈的一种类型（见第 5 章"反腐败"一节）。新的欺诈形式也会随着技术的变化出现。例如，随着电子签名的使用越来越多，其他人将有机会（特别是在专业人员办公室内）未经授权便使用这些签名。

登记处法律通常用来解决欺诈行为和某人蒙受损失时所发生的问题。有时会向遭受损失的人提供赔偿（请参阅本章中"在欺诈和错误的情况下如何使用赔偿基金"一节）。

了解欺诈：

①欺诈对登记处的影响。欺诈不仅会影响被欺诈的人，而且还会对登记处造成重大声誉风险。对欺诈开放的体系无法保护记录其权属权利所有人利益，因此，他们对登记处的信任将减弱。如果登记处在某人遭受损失时不得不支付赔偿，也会产生财务影响。

②衡量欺诈。问题的严重程度可以通过以下几个方面来衡量，如每年的案件数量、欺诈案件占所有案件的百分比、登记处每年必须支付的赔偿金的价值，以及欺诈案件造成的声誉损害（根据用户调查进行评估）。登记机构支付的赔偿金额将取决于地块的价值，但金额可能会非常大。例如，2013—2014年，大不列颠及北爱尔兰联合王国英格兰和威尔士的登记处支付了 640 万英镑，其中不包括相关费用，但其中 220 万英镑是根据追索权收回的（请参阅本章中"在欺诈和错误的情况下如何使用赔偿基金"）。

③了解欺诈会在何处发生。为了了解欺诈的风险，应该对记录过程的程序和要求进行评估以及文件提交到登记处之前发生的过程（比如如何出售地块，如何进行交易，以及如何发放抵押贷款）。评估应包括个人如何确定其身份、

个人如何证明持有地块的权属权利以及是否有方法验证签名等问题。考虑的因素包括涉及的各方及其角色，尤其要注意专业人员如何履行自己的义务，他们是否有自己的欺诈保险，以及他们认为如何可以尽量减少欺诈。

此外，应调查每起欺诈案件，以了解关键时刻出了什么问题。经过大量调查后，可能会发现一些欺诈模式，这些模式将指向需要更改的区域。常见的弱点包括：

- 信任拥有所有权证书等文件的家人和专业人士；
- 银行和其他借贷者在贷款时限制支票；
- 通过邮寄申请，因此不会捕捉该人的图像；
- 如文件正本被虚假报失，申请补领；
- 伪造的身份和登记文件、印章和签名（包括公证人、法院和登记官员的印章和签名）。

①降低（管理）欺诈风险。解决导致欺诈发生的漏洞和问题的可实施方式包括：

在办公室安装安全摄像头，当欺诈发生时，就可以看到诈骗人的图像。

可以审查程序以发现弱点和制定保障措施。某些类别的案件可能容易发生欺诈，或使用授权委托书的销售，因此工作人员应该接受培训，以便更仔细地检查这些案件。接受和记录文件的工作人员需要了解应该寻找什么，采取哪些步骤来最小化欺诈风险，以及在怀疑欺诈的情况下应该做些什么（比如向经理报告）。

安全设备。可以提高文件伪造的难度。例如，将手写文档转换为标准的、计算机生成的格式，其中包含了许多安全设置，例如：

- 按顺序为文件编号，并将编号记录在体系中，使每个地块都有完整的记录；
- 使用微印，只有在高倍率放大镜下才能看到（不放大看印刷品像一条线）；
- 应用水印和全息图；
- 使用特殊的油墨，如热敏性和变色的油墨，例如用手指涂抹后显色；涂改后变色的油墨，或使用在纸上不易刮掉的油墨，从而使另一个名字印在纸上。

专业人士和银行是登记处表与许多用户之间的接口。登记处应帮助他们了解风险，并与他们一起改善流程和要求以防止欺诈。

警察（特别是负责欺诈和白领犯罪的单位）往往对欺诈有不同但互补的看法，这有助于制定和实施风险控制措施。

用户应该意识到有关变化和安全措施的引入，这可以通过宣传活动来实现，宣传手册可以在登记处获得，也可以在登记处的网站上和报纸上发表。此外，在与用户沟通时，登记处可以变得更加积极主动。例如，英格兰和威尔士登记处引入了一个注册管理机构"财产警戒"，如果登记处收到关于客服地块被监控的正式的搜索或申请，注册该服务的客户将收到由登记处发送的一封电子警报邮件，这项服务是为了帮助所有者检测欺诈行为而创建的。该登记处报告称，在 2009—2015 年间，他们已经阻止了价值超过 8 000 万英镑的欺诈行为（请参阅 HM 土地登记处网址 https：//www.gov.uk/propert-alert）。

减少欺诈的风险会产生成本，应从登记处和用户的角度考虑。这些可能包括额外的时间、文件、步骤或其他可能施加的义务，以最大限度地减少风险。在降低欺诈风险和将成本降至最低，需要谨慎地保持平衡。

7.2 在欺诈和错误的情况下如何使用赔偿基金

赔偿基金可为由于欺诈或错误蒙受的损失、拥有其他合法赔偿权利的成功索赔提供资金保障。这是一种风险管理，通过预留赔偿资金，即使必须支付大量索赔，登记处也可以继续在其运营预算内运作。

在拥有补偿基金的地区，通常是由登记处依法制定的。一般也可以在与财政部达成协议、没有任何特定法律依据的情况下以行政方式创建赔偿基金。如有必要，对登记处法律的修正可以为该基金提供法律依据，并列出其主要内容，例如其资金来源以及提出和支付索赔的程序。

（1）财务考量

如果要设立一个基金，首先要对过去 5 年或 10 年的索赔进行评估，看看发生了什么类型的欺诈或失误，以及赔偿金额。这一评估提供了基金未来索赔可能需要多少资金的概念。

在首次设立基金时，应将一笔数额的资金记入账户，也许是来自财政部，以支付头几年预期的索偿要求。在此之后，使基金保持在合理水平的办法包括财政部的付款、登记处预算的付款（或盈余）或对记录的每笔交易的缴款（也称为征税）。为减少对公众的影响，税款通常设定在很小的数额，但在有交易记录较多的地方，这一数额会迅速增加。

类似基金运营的登记处的经验在诸如以下方面可能会有所帮助：预计索赔的频率，索赔是否每年持续出现或成组出现，如何缓和丰年和歉年以及如何与关键利益相关者就应设置征费的级别谈判。与定期处理索赔和赔偿的保险公司专家进行交流也很有用。

应进行年度审查，评估基金是否需要增加额外资金，包括从预算中额外支付款项或增加每笔交易的征款金额。审查应审查目前的索赔要求、预期的索赔要求以及基金是否有足够的资金来履行债务。它应该考虑到并不是所有索赔都会成功。此外，即使登记处支付补偿金，它也可能具有追索权（或代位权），允许登记处可以向其他人如负责编制文件，检查当事人身份，并确保遵守规则的专业人员提出索赔要求。

（2）基金的管理和处理索赔

准则应规定将在何种情况下付款，如何提出索赔，需要多长时间处理，谁可以授权付款，如何计算损失等。这些准则将帮助工作权属权利所有人和公众获得他们需要的信息。应当公开索赔的资金和方法，特别是要向专业人员宣传，他们将帮助因欺诈或错误而遭受损失的人。

处理索赔的方法。一种是允许登记处评估索赔并付款。这需要能够应用规则的熟练工作人员，这是处理索赔要求的一种快速而经济有效的方法，在数额较小的情况下尤其适用。它对受害者有益，因为他们的索赔可以相对快速和廉价地处理。另一种是将责任分配给法院，以调查和确定索赔要求。明确法院可以决定哪些议题，例如赔偿责任和赔偿金额，以及赔偿如何评估（一般来说，评估是基于当前的市场价值）。第三种允许登记处处理达到某一限定的案件并支付款项后，然后由法院处理超过该限制的索赔。第四种选择是将责任指派给一个独立的行政第三方，例如监察专员或国家审计员。

法律或准则应明确表明，是可以立即接触该基金，还是只能作为最后的手段。在第一种方式中，一个人到登记处付款，然后让登记处向其他人（例如诈骗者和专业人士）使用追索权追偿款项；而作为最后的手段，当事人应先起诉诈骗者或专业人士，然后在必要时才到登记处申请赔偿。两种方法都是可能的，尽管第一种方法对遭受损失的人来说容易得多。因欺诈而被无辜剥夺权利的可怜的业主，在可以要求赔偿损失之前，不必先支付提起诉讼的费用。

（3）报告和尽量减少未来的案例

基金的账户应提交给适当的金融监督机构或合格的私营部门会计公司进行审计，以确保基金得到适当管理，并减少支付欺诈性索赔的风险。登记处的年度报告应提供相关资料，说明营运基金的成本、征费的规模，以及基金是否满足当前及未来的预期债务。为保障隐私，不应透露每宗个案的细节，但应包括有关支付款额的一般说明和准确数字。

重要的是，登记处必须从赔偿索赔中获悉，无论索赔是否成功，都应找出体系中需要解决的弱点。应该调查每种情况，以确定欺诈或失误的发生方式以及如何减少欺诈或错误的发生（请参阅本章中"改善欺诈行为的处理方式"和"改进错误的处理方法"两节以及第 3 章中"如何通过提高程序效率改进服务"一节）。

7.3 改进错误的处理方法

与欺诈不同，错误是由于无能或疏忽造成的，可以被认为是无辜的。在某些情况下，过失并不影响任何人的权利，《登记法》应允许通过行政程序轻松纠正这些错误。例如，记录某人姓名的错误可以通过参考出生或结婚证书来纠正，或者记录与原始正确文件之间的不一致可以通过修改记录来正确反映最初的意图。

有些过失会影响一个人的权利。在许多地区，由于登记处纠正过失的权力有限，因此在纠正这种错误之前需要法院下达命令。之所以需要这些检查，是因为担心可以使用更加的广泛权力来使人们处于不利地位，助长腐败或使登记处面临赔偿要求。

在某些地区，人们已经认识到，在所有受影响的人都同意更改的情况下，不需要法院命令。在这种情况下，登记处通过意向书对记录进行更正的方式通知受影响的各方。如果每个人都同意更改文档或交易中的记录，则登记处有权更改。任何不同意所提议变更的受影响人均有权向法院提出上诉。

如果登记处有权纠正错误，则应制定明确的纠正程序，将每一步都记录在案，并在登记注册表中保留详细信息，并要求高级工作权属权利所有人授权更正。

7.4 使用程序手册解决欺诈和错误

应向工作人员提供明确的指导，以解决欺诈和过失，并确保所有工作人员将以相同的方式处理相同类型的案件。提供此类说明的一种好方法是通过登记处负责人发布的包含标准操作程序的程序手册。手册的编写不是一次性的过程，而是随着法律和惯例的变化以及记录新的权属权利类型而不断进行的过程。

该手册的内容取决于本地需求和法律环境，但常见的主题包括：
- 与权利和记录事项有关的主要法律法规；
- 记录和向公众提供信息的步骤；
- 对不同类别的工作权属权利所有人进行不同级别的授权；
- 用于所有类型记录的公共元素；
- 关于不同类型文件的具体说明；
- 记录数据库的安全性；
- 每种类型的申请的要求，包括费用和税款的支付；
- 有关用户服务和服务标准的说明（见第 3 章 "使用服务标准" 一节）

以及行为和道德守则（见第 6 章 "工作人员政策和协议" 一节）。

设计、准备和维护手册的责任应分配给团队。团队应与工作人员会面以确定他们的需求，并应考虑其他登记处采用的方法。

如果资金允许，可以聘请教育专家为手册的设计提供建议。该手册不应该只是文本。它应该使用关键需求的符号、流程图和图形表示形式，便于它们可以快速、轻松地理解。示例应随各种类型的表格一起提供，并附有如何完成表格的说明（请参阅本章中"标准格式如何提高信息质量"一节）。传统格式是印刷文件，但是通信技术的广泛使用为电子版本带来了容易获取、便宜、快速更新和分发（包括通过互联网）的优势。电子版本可以更容易搜索，可以包含下拉项，并可以使用超链接链接法律和其他材料。如果要制作基于网页版本的手册，则也可以聘请网页设计人员进行设计制作。

编写手册所需的大部分资料可能已经存在，但需要系统地将其整合在一起，任何缺失的资料都需要加以识别、准备和补充。手册应该以工作人员能够理解的方式表达，因此草案版本应该在一小部分用户中先进行测试。该手册应提交首席注册官批准。首席注册官向工作人员发出的推介信息可以鼓励他们充分利用这一资源。在一些地区，手册需要得到司法部的批准或至少备案，司法部拥有一整套法律和准法律文件。

应向工作人员提供使用手册方面的培训。首次介绍该手册时，即使培训是简短的，也应对所有权属人进行功能和使用方面的培训。招募新员工时，手册可以作为入门培训的关键材料。对于管理人员确保其员工遵守使用手册。如果发生违反手册中的情况，则应提供培训；如果继续违反，则可能需要采取纪律处分（请参阅第 6 章中"工作人员培训"一节）。

7.5　通过登记处改善纠纷管理

登记处在解决各方之间的争端中可以发挥重要作用（见本章中"登记处在各种纠纷类型中的作用"一节）。但是，在某些情况下，登记处是争端的某一方。在工作人员犯错误或存在欺诈行为的情况下，以及当遭受损失的权属权利所有人向登记处索要赔偿时，可能会发生这种情况。一些登记处拥有处理此类索赔的体系，而其他登记处则依靠法院解决争端。

此外，登记处应提供一种有效且透明的方式来处理对登记处的决策提出异议的用户。在一些地区，登记处工作人员拒绝了相当数量的提交记录的交易，出现这种情况的原因可能是复杂的法律体系，而且交易可能涉及广泛的权属权利问题（包括国家裁决、征用和反向占有或法令），以及影响权属权利的其他法律问题（例如民法、家庭法、公司法、破产法）。

用户应该以有效的方法作出投诉或上诉决定。有时会有专门的法律来处理这些问题。有关申请过程的信息，应在登记处的办公室和网站上公布，包括如何申请、预期的情况、需要多长时间以及如何传达申请结果等信息。

有时投诉会在登记处内部进行，如果没有现有过程，登记处可以引入一个简单的过程。登记处还应在总部和分散体系的每个办事处指定一个联络中心。主要内容应包括：

- 顾客通常以书面形式提出投诉；
- 由登记处内原决策者的高级权属人对决策进行审查；
- 作出裁定的期限；
- 通知投诉人有关结果；
- 为申诉人提供上诉权，例如，如果申诉人对结果不满意，可以求助于更高级别的法官或法院。

另一种办法是由外部组织对申诉进行调查，例如监察员办公室。这个过程可以包括面对面的会议和调解。更为正式的选择是由独立和合格的专家组成行政法庭，包括私营和政府部门公认的专业人员。

由投诉或上诉案件产生的决定应被视为类似案件的强制性先例，并应以标准格式公布，其中应包括案件的说明和应适用的具体规则。程序手册应加以增订，以纳入这些决定和规则。

7.6 登记处在各种纠纷类型中的作用

在发生有关地块、权属权利和权属权利所有人的纠纷时，登记处的记录是提供给法院或法庭或在替代性纠纷解决方案供考虑的重要证据。登记处拥有的文件和地图可以显示当前状况以及地块的历史和使用权。登记处工作人员有时被称为专家证人。

登记处也可以负责解决其技术专长范围内的争议。例如，可以为处理测量和地块的专业人员分配解决地块之间边界纠纷的权限，并且法律可能会规定，专家的结论对双方均具有约束力，尽管他们有权向法院提出上诉法庭。

登记处可以在纠纷升级之前尽早提供清晰且准确的建议，从而有助于解决纠纷。用户可以依靠被视为专家和公正专家的登记处专家来解决潜在的纠纷。在某些地区，不允许工作人员提供法律建议，因此，咨询服务是技术性的，而不是法律性质的。

7.7 标准格式如何提高信息质量

通过标准表格向用户表明需要什么信息，这样能帮助减少错误的风险。通常需要的信息应在所有类型的表格中尽可能以一致的位置和格式显示，这样做可以帮助用户有效地使用它们。此类信息通常包括地块识别详细信息（即唯一地块识别码），权属权利人的姓名和详细信息以及另一方的姓名（例如买方、承租人、抵押权人、受益人）。表格中应有多个名字的空格，以便识别，例如配偶双方。

标准格式使工作人员工作可以更快地工作，更轻松地检查信息并进行记录，就像使用标准模板一样，他们可以立即确定是否缺少任何相关信息。

除交易表格外，还需要出于行政目的的表格，例如请求获得地块和权属权利所有人的信息，更改名称或记录法院命令的表格。

表格可用于所有类型的记录体系。在某些体系中，记录交易所需要的就是一份完整的表格，因此表格包含了所有的法律信息和签名。在包含有法律信息和签名的契约体系中，表格可以加在契约前面。类似一个检查清单，确保所有内容都包含在内。

所有表格的获取应该是方便和免费的，任何人都可以在登记处的前台办公室和网站获得附有清楚的说明，应提供已填写完备的表格示例，以帮助用户；如果在线填写，则需要包含弹出说明。

设计良好的表单包括以下内容：明确识别地块、权利和权属权利所有人。

地块应在表格上以其唯一的地块标识符进行标识。

在常见交易（例如销售和抵押）中，可以使用标准文本来描述转移的权利。对于不寻常的交易，该表格应描述清楚所转让的权利，以避免产生纠纷（例如，在什么时间段内执行何种操作的权利）。

关于权属权利所有人，表格的设计应易于识别权属权利是否由私人、已婚夫妇、商业企业、非营利协会、政府等持有。如果是已婚夫妇，表格应为双方留出空间。企业应留有标示符的空间，例如商业企业的公司登记号。

如果没有足够的空间来记录表格上的所有详细信息（例如租赁条款和条件），则可以使用附件。

适用于许多交易的标准条款和条件（例如抵押规定）可以在登记处表中记录为单独的文件，并分配有唯一的文件编号。然后，准备抵押的人可以使用该单独文件的唯一编号，便于参考标准条款。

表格应使用简单文本，避免使用专业术语，便于用户理解。

8 使用信息通信技术

信息通信技术（Information and Communication Technology，以下简称ICT）更易于用户获取资料，交易更加快捷方便，并可以减少腐败机会。虽然使用ICT有许多好处，但也有许多需要事先考虑的问题（见本章介绍ICT的好处和风险）。本章将介绍如何引入ICT、如何将纸质记录转换为数字形式以及应考虑的法律问题。

本章要点

• 改进和实施ICT解决方案的选择，对象包括内部使用员工、当地承包商、国有通信技术机构或国际承包商。

• ICT解决方案应按模块开发，并在基本体系被证明可以正常工作后增加新的模块。

• 开发信息和通信技术解决方案不是一次性的工作，而是一个持续过程。

• 为了充分利用信息通信技术解决方案，需要将纸质记录转换为数字形式，转换过程应基于明确的分析、战略和标准。档案文件转换只是其中一部分。新文件在被记录后应立即数字化。

• 所有记录都必须建立索引，以便能够搜索、寻找和使用。

• 在纸质记录被数字化后，需要决定销毁（如果不被认为具有历史或文化价值）还是保留。继续保存纸质记录是有代价的，如果不支付维护费用，随着时间推移，这些记录就会因火灾、虫害和自然退化而遭到破坏。

• 记录数字化涉及各种法律问题，应提前明确并解决，例如明确纸质记录数字副本的法律地位。

• ICT对用户的好处包括更快捷地获取信息和记录交易、减少腐败的机会、以及跟踪应用程序的进展。

• ICT对登记处的好处包括更高的效率、更轻松的工作量分配和更高的信息质量。

• ICT 对社会的好处包括更有效的购买、租赁和抵押权属市场，改善的电子政务和空间数据环境，以及为决策者提供更好的信息。

• 将 ICT 解决方案引入登记处也存在多种风险，包括缺乏适当的安全措施；使用自动化缓慢的、基于纸张的流程，而没有重新设计它们以适应数字环境的变化；由于更多地获取信息而引起的隐私问题；或保护不当，可能造成记录丢失。

• 引入新体系也会带来风险，尤其是在涉及承包商的情况下。另一个风险是由于登记处员工薪水相对较低而失去了维护体系所需的合格员工。良好的合同管理是必不可少的，但在匆忙设计、开发 ICT 系统的过程中常常被遗忘。

8.1 选择实施 ICT 的解决方案

登记处的管理和工作人员须明确自身需求，因为 ICT 可以多种方式引入。早期主要将登记处的索引自动化，允许用户快速获得存储在档案中的纸质记录的位置。数字档案创建改进了这种方法，因为数字形式的记录可以同时供多人使用，而纸质文档一次只能由一个人使用。通过通信网络，不同地点的用户可以同时访问这些数字档案。

ICT 可以允许通过使用在线使用电子签名，以及确保法律合规性并提供检查的自动化流程（例如，在没有释放抵押权的情况下就不会进行销售，或者当地块被一人以上持有时，份额加和须等于 100%）。登记处软件通常包括文档管理，并与财务管理、人力资源管理、采购处理和其他日常操作互联互通。

ICT 系统越大越复杂。对于保存数百万条记录并处理许多事务的系统必须进行优化，确保其不会因系统延迟而无法使用。复杂体系需要高水平的专业知识，例如流程再造、系统分析、系统集成、系统开发、数据库设计、地理信息系统（GIS）、编程、电信、网络服务以及质量保证和质量控制方面的知识技能。由于安全性是当务之急，因此需要专家解决系统的安全性，信息和记录的安全性以及相关问题，例如潜在的黑客攻击和病毒。

应制订采购策略。开发 ICT 系统的方法包括：

利用内部技巧，可根据需要逐步构建 ICT，重点放在首先需要的模块。由于开发人员为登记处工作，所以通常很容易将用户集成到开发中，并进行维护和升级。阿尔巴尼亚使用了该模式，采用 ISO 标准土地管理领域模型 19152，于 2012 年在内部构建。该办法要求登记处雇用具有必要技能的工作人员，但如果政府薪金低于私营部门，这将会成为一个困难。

使用本地承包商可以允许在模块化基础上开发 ICT 系统，并具有让本地人员根据需要维护和升级系统的优势，而无须登记处员工具有必要技能。亚美尼亚，吉尔吉斯斯坦和黑山使用了该模式。预算应包括年度维护和升级费用，因为需要当地承包商完成相应工作。

如果政府拥有 ICT 机构或为政府机构构建软件解决方案的部门，则可以选择使用国有企业。该模式保留了维护和升级体系或将体系与其他政府机构链接的内部能力，并且已在俄罗斯和土耳其使用。

使用国际承包商可以利用在其他地方已经开发出类似体系的公司的优势。由于大型通信技术项目有失败的风险，因此需要充分准备相关规范，承包商需要展示相关经验，并受到严格的管理和监督。保加利亚和科威特国采用了这种模式。

在所有这些方法中，登记处可以招聘国内和国际顾问，以提供更多的专业知识并就 ICT 系统的发展提供建议。

无论需要何种方法，ICT 系统都应以模块方式发展，以便在不同模块完成后加以扩展。需要有独立的质量保证和控制，以确保遵守国际标准和惯例，并确保承包商履行其合同要求。

重要的是，ICT 的发展永远不会停止。随着技术发展，会出现新的、更合适的解决方案，应将其纳入登记处表的操作中。

8.2　引进 ICT 的优势和风险

引入 ICT 可以带来许多好处，但也伴随着需要解决的风险。

（1）优势

①对用户的好处。设计良好的网站可以让用户无须到办公室，便可获得有关办公室及其服务标准的资料，甚至在办公室关闭时，也可以取得有关资料。由于电子记录搜索速度比纸质记录更快，用户可以更迅速地获取地块和权属权利方面的信息，通信网络也能让他们在家中、商业场所或旅行时查看电脑上的信息。ICT 还可以减少腐败的机会（见下文）。

用户可通过在线追踪模块，监察申请的处理过程，并将所花的时间与服务标准进行比较。登记处采用该办法的国家包括阿尔巴尼亚、俄罗斯和乌克兰。当文件在网上提交时，ICT 可提供更快处理，并以电子方式支付费用和开具收据。登记处机构通过降低费用来鼓励在线交易，使用户在经济上受益。

②对登记处的好处。ICT 有可能为登记处提供许多好处，并且终将改善对用户的服务。

ICT 有助于提高工作效率，因为工作人员可以更快地处理交易。如果员工可以使用数字档案在电脑上查找和检查文件，就不必花时间去档案馆借阅，也避免文档暂时丢失或不可用。如果登记处有许多办公室，所有办公室都应能够访问数字档案，这样可以更有效地分配工作。例如，如果一个办公室积压，则可以将传入的工作分配给其他办公室处理，减少等待时间。此外，引入 ICT 通过简化和精简程序，提供了重新设计程序的机会（见第 3 章如何通过提高程序效率来改进服务）。

ICT 可以提高信息质量。通过消除难以辨认的笔迹和确保输入标准的信息等方式，提高数字记录质量。自动化例程可以分析信息，报告异常或问题。互联网可以通过众包方式提高记录质量。例如，克罗地亚和乌克兰鼓励公民在网上查看记录，并报告差异，以便加以纠正。

可通过门户网站在线为员工提供培训。尤其适用于分散办公的工作人员。ICT 可根据服务标准，检查各办事处和员工的服务表现，编制年报的统计数字，上传到登记处网站。通用的自动化操作系统所提供的标准化操作，可以减少不同员工或不同办公室之间不合理的差异。由于可以更容易地制作记录的备份副本并将其储存在安全的地点，记录的存档功能变得更加强大。ICT 可以帮助改进除记录之外的管理领域，如人力资源和财务。

通过减少记录交易所需的时间，ICT 减少了贿赂的动机，因为人们不再需要为了加快服务而支付更多的钱。用户不愿意行贿，因为他们可以跟踪交易进展，并将其与公布的服务标准进行比较。由于 ICT 进一步限制了员工与用户之间的互动，员工索贿的机会减少了。例如，通过引入电子交易，使用电子付款和自动开具收据，以及自动将工作分配给甚至可能在不同办公室的工作人员，员工与用户之间的互动受到了限制，员工索贿的机会减少。记录的安全性也可以提高，例如通过 ICT 的审计和跟踪功能，有助于减少员工采用非法行动的机会。例如，未经授权，更改数字记录或将其从系统中删除更加困难。将权属权利记录与其他政府记录整合在一起的功能可以帮助识别和减少非法交易，如抵押贷款欺诈和洗钱。

③对社会的好处。登记处的 ICT 对社会的主要好处是，它使交易记录得更快更便宜。信息提供更广泛更便宜，记录的安全性更高。因此，ICT 通过有效、可靠和安全的登记，协助经济增长和社会保障。

ICT 可通过电子治理倡议和国家空间数据基础设施推动权属权利记录的整合。土地权属权利记录能以新的方式利用，并与空间规划、税收和灾害风险管理以及监测、减轻和适应气候变化的工作相结合。政府机构间共享信息的标准促进实现更高效的管理方式。例如，链接关键登记人（如权属登记者、个人登记者、公司登记者、地址登记者和税务登记者）避免了重复工作，并通过减少印刷和数字错误提高记录质量。目前有一些 ISO 标准用于元数据、土地数据模型（土地管理领域模型或 LADM）、记录管理、数字档案、开放数据体系和影响土地权属权利管理的各种相关活动。

ICT 可以通过提供从数字记录中提取的信息来协助决策。例如，可以利用包括权属权利所有人性别的数字记录来生成按性别分列的数据，帮助决策者了解情况并制定监测政策、采取行动。其他潜在优势可以包括与人口有关（如协助国家人口普查）和财政方面的好处（如支持更广泛的税收倡议）。

（2）需要解决的潜在风险

虽然使用 ICT 有许多优点，但仍有一些问题和潜在风险需要事先加以考虑。

①系统特性。所使用的软件可以是专有的，也可以是开源的。无论选择哪一种，开发 ICT 系统所需的技能需要保持不变，该系统必须针对语言、法律、习俗和需求等具体情况进行调整。现在出现使用开放源码软件并避免依赖许可证的趋势，并且由于系统是在模块化基础上构建的，专有软件和开放源码软件的组合也变得越来越常见。

需要强有力的安全措施。虽然 ICT 系统中的安全检查使登记处工作人员难以对个人记录进行未经授权的更改，但系统容易受到外部黑客攻击。敏感信息可能会被窃取，比如版权所有者的个人信息，这些信息对有权访问公开记录的人都无法获得。使用复杂且基于纸张的系统来寻求贿赂的工作人员可能会抵制对数字系统的变更，该类人员不利于系统引入。

登记处管理流程将需要重新设计，以确保它们得到改进并适应新技术。ICT 本身不能纠正权属权利记录过程中存在的任何错误，也不能纠正不准确的信息，重要的是要评估记录的质量和完整性，并制定迁移和改进记录的策略。

隐私问题将有待解决。权属权利记录创造了公共记录，但这些公共记录现在可以在互联网上被轻松查阅，引起人们产生隐私担忧，例如信息及访问者的数量。

必须采取措施，确保数码记录储存在异地的安全地点（例如所有政府记录的国家备份中心或商业承办商），还应采取措施确保该体系在灾难性事件发生后能够正常运行。例如，荷兰通过与一家大型保险公司合作，登记处在两地原则下运作，在发生灾难时，登记处可以使用该公司的 ICT 系统，反之亦然。

②机构能力。登记处具备发展、实施和维护其 ICT 系统的机构能力至关重要。虽然大部分工作经常外包，但登记处内部必须有能力管理并评估其工作质量。对 ICT 使用人投资是任何组织 ICT 成功的关键，一旦体系建立，还需要配套管理体系能力。

ICT 系统因其故障率而受人诟病，许多系统未能达到其目标。失败的公司往往会超出预算，开发所需的时间比最初计划的要长。主要原因是领导和管理不善。ICT 战略文件应描述获取解决方案的方式，并为任务设定优先次序和顺序。还应处理程序的重新设计、记录的迁移战略、项目完成后 ICT 系统的管理和改变管理（包括用户和新系统管理员的培训）。登记处管理层应不断检查承建商所建议的工程计划的进展情况，并在工程成果延误或质量欠佳时采取行动，指派合格且有经验的 ICT 项目经理负责该工作，且费用需要列入预算。

随着时间的推移，ICT 系统将会过时，需要在战略和商业计划及其预算中定期升级硬件和软件。

需要解决的具体风险包括：

- 舞弊投标行为；
- 利益相关者（包括登记处、承包商和其他政府机构）之间的沟通不畅，解决分歧的方法不足；
- 低估工作的复杂性和所需的资源；
- 缺乏质量控制；
- 缺乏适当的变更管理计划；
- 引导和测试不足；
- 技术解决方案的可持续性（例如，平板电脑可以有效收集信息，但它们可能会丢失、损坏、被盗或无法使用，因此需要备份解决方案）；
- 必备资料、帮助和培训不足；
- 电力供应和互联网接入不足；
- 缺乏适当的维护资金。

8.3　转换为数字档案

登记处档案库包含对于日常操作很重要的信息，例如文件（契约、所有权、销售合同、租赁、抵押、法院命令、继承证书）以及显示地块的计划和地图。作为采用 ICT 系统的一部分，纸质文件档案应转换为数字记录，以便获得最大的收益。

（1）转换为数字档案的策略

数字档案馆的功能不同于纸质档案馆，管理方式需要改变。需要相应的存档策略，并应制定变更管理程序。需要解决的事项包括：

①集中式或分散式档案。登记处有多个办公室时，每个办公室通常只维护自己的纸质档案。创建可供所有办公室使用的集中式数字档案馆有许多好处，例如后台办公室能够为许多小型前厅或移动办公室提供服务（见第 4 章的"改善与办公室的联系"一节）。但是在网络可靠性不够高的情况下，实施难度较大。

进行应转换内容的分析，评估要转换的文档数量、质量和类型。并非所有文档都值得保留，有些文档由于褪色或部分丢失而难以使用，有些文档记录了非必要的信息，比如旧的纳税收据。早期一种常见方法是由专家识别不需要转换的文档，将其从工作流程中删除。由于存储容量和设备速度不再是主要限制因素，所有文件都在逐步转换，这比整理和删除文件所涉及的工作要少。

②转换文件时应确定优先级。由于索引书和期刊经常被使用，因此需要先转换。最近的交易文档使用率高，所以也会对前 5 年提交的文档给予优先级，前 5~10 年提交的文档给予次优先级，以此类推。在契据制度下，直到最后记录的契约或在 12 年左右的时间内，也可能需要核查所有权转移问题，用于确定文件转换的优先时期。

③标准。文件转换和数字档案管理应符合国际标准化组织（ISO）制定的标准，例如记录管理、文件存储、电子文件格式和索引编制。参见 http：//www.iso.org/iso/iso_catalogue/catalogue_tc/catalogue_tc_browse.htm？commid=48856。

④工作开始就应决定扫描彩色还是黑白文件，以避免不必要的重复工作。

（2）档案的转换

①记录转换涉及两个不同的步骤。图像捕获（比如通过扫描）和索引，后者涉及识别和输入来自文档的信息。通常每个交易文件包含 5~9 项信息，如地块编号、地址、文件日期、登记编号和当事人姓名。

质量控制至关重要，将纸质记录转换为数字档案的承包商或技术单位需要有质量保证的程序，并确保图像没有遗漏任何页数或文件。对登记处来说，最好是监视流程，确保正确和有效地完成工作。付款前应对整体质量进行评估。

②图像捕捉。不同类型的文档需要不同的方法。现有文件和方案应大规模转换。许多文件被装订成书，或包含契约，契约又与不同大小和材质的平面图装订在一起。该工作包括修复文档、解封图书、扫描图书、从数字图像中捕捉相关信息、必要时重新装订成册以及将文档送回档案馆。即使办公室没有文件和方案，仍需要有程序来确保正常的登记工作。该工作可由登记处来完成，但专业公司效率更高。

交易单据和计划应在收到或记录后立即转换。每个登记员桌上可配置扫描器，记录完成后扫描并归档文档。或在办公室内设置独立工作间，由专门工作人员扫描。在全数字化工作环境中，还可以允许专业人员以标准数字格式提交文档。

③新的内部文件应在 ICT 系统推出后立即记录在体系内。索引对数字记录很重要，使用具有自动识别双方和证人姓名、地块标识码、日期、计划上的地块边界等功能的软件可以节省时间。此类信息将包括在索引中。应使用条形码或二维码识别文件，将其与索引信息和相关元数据（有关原始材料、状况、

可靠性、日期或准确性的信息）联系。元数据必须在转换期间记录。

（3）记录的保存

部分情况下，ICT 系统必须停止更新纸质记录，只保留数字版本，虽然这在 ICT 系统全面运作之前很难做到。因此，登记处倾向于保持纸张和数字档案在一段时间内并行运行。待全面数字化后，处理现有纸质记录主要有两种情况。

由于某些纸质记录具有特殊的历史或文化价值，因此需要对其进行维护，以备将来使用。特别是地图，通常具有历史意义，本身就可以成为精美的文件。国家档案局等机构可以帮助确定哪些文件有价值。

对于某事件中需要继续存储的所有纸质记录可能会产生争议。因为保存纸质记录需要特殊的气候条件、防火和消防设备、档案管理员。如果无法支付维护费用，随着时间推移，纸质记录可能会因火灾、害虫和自然退化而遭到破坏。此外，还有储存费用，如租金或建筑物的购置和持续的维护费用。因此，在纸质记录数字化后，那些没有历史或文化价值的记录有时会被销毁，这可能需要法律上的修改（见下一节）。

创建数字档案时，重点是要对其进行保护。同时将恢复中心的设备和记录复制到另一个位置。如果某个地区遭受自然灾害和其他灾难，可以选择将归档的备份存储在另一个地区。

数字档案可能需要转换成新的格式，以符合新的国际标准。

8.4 法律方面的考虑

引入 ICT 不仅是技术变革，而且需要改变法律框架。在考虑引进新形式的技术时，必须对法律框架进行全面的审查，国家级 ICT 机构可以提供有关建议。

登记应具有灵活性，避免过于苛刻，例如通过引用特定类型的技术或媒体来保存记录。技术发展会出现新的选择，并且如果法律涉及特定技术，则每次采用新技术都必须对其进行修改。因此，法律应使用一般性术语（例如，记录可以以纸质或数字/电子格式或两者的结合保存），或者记录可以根据首席登记官采纳的任何媒介或媒介组合进行保存。

将纸质记录转换为数字形式会产生许多法律问题。应该有明确的法律权限，例如登记法中的法律权限，可以将纸质记录转换为数字形式；否则，公众可能会怀疑其权限。重要的法律问题涉及依据纸质记录创建数字记录的状态，尤其是在法庭诉讼程序中，登记法应明确规定，出于交易、法院诉讼等目的，新的数字记录须在法律上得到认可，否则将无法实现许多数字记录的好处。其他法律也将是相关的，例如涉及隐私权和访问个人信息以及电子文档、电子签名和电子支付的法律。登记处应确保符合上述法律。

　　另一个问题涉及将纸质记录转换为数字形式后的处理方法（参见上文）。具有重要历史或文化价值的纸质记录应转移到国家档案馆。如果登记处打算销毁记录，则必须确保合法合规。如果有关于保管政府档案的法律，需要对其进行修订，则应该与负责政府记录和档案的组织，如国家档案局沟通。

9 完善政策和法律框架

政策和法律框架确定了登记处运作的环境以及更广泛的权属权利环境。本章回顾了登记处的政策框架、在登记处相关法律中反映改进制度的方式，以及附则和条例、命令和决定和指示的作用。

本章要点

• 权属权利保障与许多重要的良好政策主题相关。

• 登记处在制定其职责范围内的政策和反映其在国家政策中的作用。登记处还可以协助制定其他与权属权利和保障有关的国家政策。

• 登记处法律应当定期修订，以反映用户服务和登记处运作方面现行良好的做法，特别是在诸如机构结构、处理欺诈和错误以及提供有效的投诉机制等领域。

• 可能需要修改其他法律，以反映权属权利安全和登记处运营方面现行良好的做法。

• 为了反映现行良好做法，章程、法规和说明也需要定期修订，特别是在用户服务和当前技术领域。

9.1 政策框架和登记处

政策框架指的是政府对各项食物的计划、目标和态度。涉及登记处可能需要执行的决定和方案。

权属权利保障与《指南》所包含的主题领域有关，例如：

• 权利的性质（例如所有权和各种使用权）以及如何获得权利；

• 对所有类型的合法权属权利的认识；

• 权属权利的改革，例如再分配、归还、合并或者重新分配；

• 建筑法规、建筑许可证、非法开发和正规化或形式化及住房政策；

- 贷款、融资和权属权利作为贷款的抵押品；

- 隐私和个人信息保护；

- 开放获取数据；

- 政府的 ICT 和电子服务；

- 性别平等；

- 客户及其与政府机构的互动；

- 环境保障和保护；

- 反腐败；

- 税收和估价。

登记处在制定职责范围内政策时起主导作用，其角色不仅包括为自身制定政策，尤其是在没有针对整个政府政策的情况下，还包括制定政策细节，帮助实现政府设定的政策成果（例如在公开获取数据和隐私方面）。同样，由于登记处往往负责登记法，因此它有可能甚至有义务在与其运营有关的议题中制定政策并在法律中加以确认，如性别平等和顾客互动。《指南》中第 6 节和第 17 节以及本指南涵盖了许多政策制度设计方面的要求，其中大多反映在正式的政策声明（例如反腐败宣言），部分也在登记处的相关规定。

虽然登记处不直接负责制定政策，但政策执行中可能仍需发挥其作用，例如权属权利改革、开放获取数据、信息和通信服务及性别平等和反腐败方面。因此，登记处应该在制定此类政策方面拥有发言权。《准则》为正确决策提供了坚实的基础，也可以修改《准则》以适应国家特殊需要。登记处应该使用《准则》来指导其工作，并参考国际公认的标准为政府提供帮助。

政策框架的持续改进和修订将要求登记处与其他政府机构（例如负责公共行政和管理其他方面与权属权利有关的机构以及税务当局和地方政府）密切配合，确保两者在权属权利之间的联系，应适当处理有关权利信息及该信息的用户之间的关系。记录权属权利的责任需要建立明确的联系（包括唯一的地块标识），以便用户能够利用有关地块权属及其价值和用途的信息。

9.2 修订登记处法律

法律框架是权属权利记录的基石，因为文件和交易具有重要的法律效力。记录过程本身就是在法律上承认某人通过认定或最终拥有某些权利。因此，法律必须成为权利记录的起点。

登记处的法律不是凭空存在，而是在许多其他需要考虑的法律背景下制定的。在普通法系国家，登记法存在于法官制定的更广泛的法律环境中，而在大陆法系国家，民法、土地法或财产法和行政法将对登记法产生影响。由于登记法在宪法、法规和其他普遍适用的法律框架内，如果与其法律规定存在歧义，则可能需要修改相关法规以保持总体一致性。

登记法为登记处运营和向客户服务提供了法律依据。须反映本指南中讨论的改善权利记录和服务客户的事项。例如：

• 对管理登记系统的权威界定：改革是否引入了新机构？例如管理委员会？登记处是否可以自负盈亏？（请参阅第 5 章中"相关制度改进"和"改善财务管理"）

• 登记系统的基础和改革的效果：改革是否将现有体系转换为新体系？如果是，新体系对有关各方的影响如何？是否有对针对错误和欺诈的经济赔偿保证？系统是否以地块为基础？（请参阅第 2 章中"选择改进现有体系或改用新体系需考虑的因素"，第 7 章中"在欺诈和错误的情况下如何使用赔偿基金"）

• 将记录转换为新体系：在哪些方面开始工作？以及如何完成？（请参阅第 2 章中"改进记录的组织工作"）

• 交易记录：官方和权利人的权利和义务是什么？程序的主要因素是什么？系统以纸质还是数字形式保存？（请参见第 3、5、7 章及第 8 章涉及法律的内容）

• 保护残疾人、儿童和妇女享有权属权利的规定：改革是否改善了对这些群体的服务？（请参见第 3 章中"改善对女性用户的服务"和"改善为特殊群体、弱势群体和边缘化群体提供的服务"）

• 申诉权：改革是否为客户就登记处的决定提出上诉提供了一种公开且透明的方式？（请参见第 7 章中"通过登记处改善纠纷管理"）

• 纠正错误的权利和程序：改革是否提供了简单方法确保记录反映现实？（请参见第 7 章中"改进错误的处理方法"）

• 制定法规和准则、发布指示和程序手册的权力（请参见第 7 章中"使用程序手册解决欺诈和错误"）。

登记法中应该解决的其他重要见《权属权利记录与首次登记系统创建》：

• 首次记录权属权利和地块（首次登记）：工作人员、权利持有人和其他人的权力和义务，以及流程的主要内容。

• 公众获取信息与隐私问题之间的平衡。

类似事项可以在登记处法律中解决，或更加常见的是，主要在该法中解决，其他法律加以支持。例如，民法典可能规定了基本内容；关于国家收费的法律可能会规定服务和信息的支持；关于测量的法律可能规定测量员如何细分地块；关于投诉的法律可以规定如何应对客户需求。其他相关法律包括关于信息自由和隐私的法律。规章制度也很重要（请参见本章"规章制度、命令和决定及说明")。

虽然其他相关法律通常不在登记处法律中体现,但这对登记业务也很重要,其涉及性别平等和非歧视、工作场所的健康和安全、税收、会计及其标准以及政府雇员的地位和条件。适用范围更广的法律包括有关离婚、继承、公司、破产、征收、住房、租赁、再分配改革(如土地改革、估价和电子签名)的法律。经常有法律与儿童和残疾人权利和能力有关。

应当对登记法和其他法律进行评估,了解其如何与指南中规定的标准和该指南所涵盖的标准相匹配。借此找出差距和矛盾,制定修正案甚至新的法律来改善法律框架。

9.3 规章制度、命令和决定及说明

登记处通常会根据登记法颁布各项条例,以规定权利登记程序的细节。可包括:准备文件的要求、信息和服务的收费、使用的标准表格、外语文件的要求、文件的显示方式(纸质或者电子形式,并确保有记录配偶姓名等方面的地方)、如何提出赔偿要求及其他重要但法律没有解决的事项。需要定期审查和更新内容,确保提供良好的客户服务和符合最新技术要求。

命令和决定通常涉及登记法无法解决的日常事项,例如高级官员的任命和其他行政事务。根据登记法的起草方式,政府、负责登记处的部长或主要官员可以颁布命令和决定。

在某些地区,法律框架的部分内容由主要官员发布。通常包括如何准备文档、需要提供哪些证明文件(如果有的话),所需的附加信息、纸张大小、重量和质量、安全特征等的技术说明。涵盖登记过程的详细要求,并在需要时发布。命令和指示必须遵守法律规定,否则将被拒绝。重要的是,在特殊情况下,登记处也应该有权放弃其自身的技术要求。

补充资料

FAO. 2013. Responsible governance of tenure and the law: a tech-nical guide for lawyers and other legal service providers. (available at http://www. fao. org/3/a-i5449e. pdf).

9.4 权属权利负责任治理自愿准则

本《准则》的目的是为改善土地、渔场和森林的权属权利管理提供指导和

参考。首要目标是实现人人安全享有粮食，在国家粮食安全背景下，逐步实现享受充足的粮食的权利。旨在根据可持续发展的原则，以保障土地权属权利，公平获得土地、渔场和森林，认识土地在发展中的中心地位为基础，促进全球各国消除饥饿和贫困。

消除饥饿和贫困以及对环境的可持续利用在很大程度上取决于各群体和社区如何获得土地、渔场和森林。对许多人尤其是农村贫困人口，安全且公平地获得和掌握这些资源是维持生计的基础。这也是食物和住房的基础，社会、文化和宗教习俗的基础，更是经济增长的核心因素。

粮食安全委员会于 2012 年 5 月 11 日的第三十八届（特别）会议上批准了该准则。

10 未来的思考

前几章介绍了改进权属权利登记的做法。权属权利管理的重要转变是其正朝着改善管理的方向发展：将用户视为付费服务的重要客户，有战略计划和业务计划管理登记表，开始自负盈亏，政府和私营部门广泛使用登记系统的信息。数 10 年来，世界上许多国家都做出了良好的实践，例如注重客户、办公、管理、员工、运营以及法律框架，可以预计这些实践在未来仍适用。

技术发展也影响了土地权属权利管理的其他变化，个人计算机、互联网、文件光学识别、数据存储、卫星定位卫星图像等已被结合起来，彻底改变了登记工作。

最后一章讨论了部分已经开始或者即将开始实施但在不久的将来对权属权利登记产生影响的发展情况。未来 10 年会带来什么？尽管具体细节难以预测，但其提出了一些总体预期。

本章要点

• 世界上许多国家都采用了本准则所述的改进权属权利登记的做法，可以预见其在今后将继续适用。

• 技术发展也影响了登记处的管理能力，未来将影响公民和客户对权属权利登记的期望和关注。登记处将需要对新的期望和关注做出反应。

• 用户需求：越来越多客户希望能够即时获得服务，特别是通过互联网和移动设备，相关信息（例如本地服务、环境和社会问题）的需求将会继续上升。

• 隐私风险：由于可获得的信息数量增加，人们对隐私的担忧愈加明显。

• 综合解决方案：登记处将在汇集各种信息来源以更好地为社区服务方面发挥核心作用。

• 开放数据：登记册，特别是地图，将免费提供给私营部门以供其业务使用。

● 与私营部门的伙伴关系：私营部门将开发更多的工具和服务改善登记处运营，并与登记处合作，以提高系统的准确性、效率和覆盖范围。

● 全数字化记录：数字记录和旧纸质记录的扫描图像将取代纸质记录。

● 提高记录质量：软件、卫星和航空图像、卫星定位和众包服务将有助于迅速提高登记质量。

● 便捷交易：技术改进意味着更有效地进行登记，降低交易成本；反过来也将增加使用登记处的客户（例如短期借款人）数量。

● 记录中的其他信息：登记处将能够记录其他类型的权属权利，例如水权，并且该信息可以"三维"视角呈现。

● 其他电子服务：专业人员可以通过连接登记处系统提供传统上由登记处提供的服务。

● 办公地点：通过更强的连接性，可以从任何地点提供登记服务，交易记录可在专用的"后台"中心进行。

10.1 市民和用户的期望和关注日益提高

以下内容描述了未来可能会引起更多关注的一些期望和担忧。

①即时访问。在世界各地，人们现在已经习惯了通过智能手机和其他移动设备在指尖获得越来越多的信息。虽然许多人仍然无法访问互联网，但一些大型技术公司已经提出设想，即通过使用卫星和遥控飞机系统（或无人机）等技术在世界范围内提供可负担的基本互联网服务，以及使用分配给电视传输的未使用的广播频段。任何将人们与互联网连接起来的快速发展的手段，特别是在偏远的农村地区，都将彻底改变登记处的运作方式，包括使用习惯性权属制度和非正式定居点记录当地人们和其他社区的权属权利（另见《权属权利记录与首次登记系统创建》）。

②定制化信息。人们希望从登记处获得有关权利和地块的信息，同时也希望获得有关购买和租赁投资决策的信息，例如当地学校和医疗服务机构、购物中心、最近的体育馆、洪水和新建筑的可能性、规划限制和税收。也可以链接有关就业机会、公共安全和犯罪水平等信息。人们希望以一种易于理解的"三维"视角看到他们所需的信息，并具有图形效果，使人能够"穿越"或"穿过"邻区或者地块以及其中的任何一栋建筑物。

③平衡访问与隐私。使用电子手段更方便快捷地访问信息将增加隐私风险。对于基于纸质的系统，使用肉眼搜索书籍或文件，意味着一个人一天只能调查少量记录。有了计算机，可以在几分钟内查询整套数字记录。隐私权原则与自由获取权属信息之间的内在矛盾不容易解决，需要制定解决方案。

10.2　登记处的回应

登记处对期望和关注的可能回应如下：

①综合解决方案。登记处维护的信息是许多共享解决方案的关键，登记处官员在协调信息共享和开发国家空间数据基础设施方面发挥了核心作用。然而，如果要提供预期的服务水平，登记处就需要与其他公共机构更紧密地结合起来，并且要对经济、社会和政治有更广泛地了解。需要更深入地了解其他机构和学科如何工作，并将权属权利登记纳入气候变化科学等学科的工作中，与民事登记和生物特征记录相结合。

②开放数据。许多国家（包括欧盟内的国家）现在都实行"开放数据"政策，根据这项政策，数据可以自由重复使用，很大程度上通过私营部门和公民提高数据的价值。登记处会被呼吁支持这些政策。

③与私营部门的伙伴关系。私营部门可能会作为中介机构发挥更大的作用，为公众提供多种服务。30年前，人们认为制图是一项非常昂贵的工作，以至于政府总是要通过提供资金来补贴这项服务。从那时起，企业家改变了人们对制图的认知方式，私营部门和全球众包推动了公共地图制图的增长。

④全数字记录。即时获得定制化信息需要有完整信息并与其他关键登记者相连的自动化系统。尚未实现现代化的登记处将面临这样做的压力。记录将需要扫描，编制索引和提供数字形式。这项工作需要庞大的程序来扫描和索引，应用日趋成熟的软件来自动识别索引所需的信息（如姓名、地址、日期、地图上的闭合多边形）。

⑤提高记录质量。记录有时维护不善，显示地块和建筑物的地图通常缺乏定位精度。需要软件将实地的当前情况与这些记录相匹配，并需要必要的法律授权以这种方式更新记录。卫星和航空图像以及卫星定位可能成为提高定位精度的标准手段。众包服务已经被用来检查和更正记录——例如在克罗地亚和乌克兰。

⑥便捷交易。更快更容易地获取信息意味着总体成本正在降低，让更多人从系统中受益。减少的成本包括财务成本和调查、达成交易和记录所需的时间。这种效率将促进贷款，特别是短期小额贷款，以帮助穷人和弱势群体。反过来，还将能够能提高生产力和粮食安全。例如，在吉尔吉斯斯坦，有效的流程使农民能够借到几个月的低息贷款用于购买种子和肥料。一旦收获后取得收益，他们就偿还资金。如果没有还清贷款，他们将不能再耕种这块土地。

⑦记录中其他的信息。最常见的记录体系处理土地权属权利，强调所有权、相关权利和责任。未来可能会记录更多类型的权属权利。法律对习惯性权

属的承认将导致习惯性权属记录的增加，而对渔权、林权、水权的记录更应受到重视。随着高度信息被添加到权属权利记录中，有关权利的多维信息有望变得更加重要。增加额外的维度（如高度），有时被称为"三维地籍"。

⑧附加的电子服务。从纸面交易转向电子交易的过程将更加迅速，电子服务的范围将扩大。例如，前南斯拉夫的马其顿共和国，在4年的时间里，土地登记处已从纸质系统转变为以电子方式交易的系统占到50%以上。登记处与专业人员之间的密切关系有助于这一转变（他们认识到电子和在线服务为客户提供了很好的改善结果）。

⑨办公地点。随着登记的完全电子化，任何人都可以在线获得信息，地方政府、多个服务中心、专业人员和银行均可以通过安全、在线的方式访问登记处，获得实体登记服务。维护记录和处理申请的登记处可以在一个国家的任何位置进行操作。

补充资料

FIG（International Federation of Surveys）/World Bank. 2014. Fit-for-purpose land administration. FIG publication No. 60（available at www. fg. net/resources/publications/fgpub/pub60/Figpub60. pdf 上获得）

附录 《准则》中关于权属权利 记录的有关规定

本指南基于《准则》中有关权属权利和地块记录系统的具体规定和一般规定。本附件重点介绍了准则的相关领域。本附件旨在帮助阅读本指南，而不是替代本指南。

关于记录权属权利和地块的《准则》的主要内容在第 17 节，该节是关于权属权利管理的第 5 部分。第 17 节应与《准则》的其他部分一起阅读，概述如下。

《准则》的第一节给出了它们的目标。

1.1	• 该准则旨在改善土地、渔场和森林权属权利的管理。
	• 他们力求改善土地权属权利管理，造福所有人，重点是弱势和边缘化的人群。
	• 他们寻求改善土地权属权利管理，目标是：
	➢ 粮食安全和逐步实现充足食物权；
	➢ 消除贫困；
	➢ 可持续生计；
	➢ 社会稳定；
	➢ 住房保障；
	➢ 乡村发展；
	➢ 环境保护；
	➢ 社会和经济的可持续发展；
	• 改善权属权利管理的所有方案、政策和技术援助都应与国际法保持一致，包括《世界人权宣言》和其他国际人权文书所规定的现有义务。

关于通过记录权属权利和地块，改善权属权利的管理，第 17 节有以下 5 段，其要点如下表所示。

17.1	• 各国应提供记录系统，以改善权属地块安全性和地方社会和市场的运作。
	• 记录体系应能够记录国家和公共部门、私营部门、当地人民和其他具有习惯性权属的社区所拥有的个人和集体权属。
	• 该体系应当记录、维护公开权属的权利和义务，还应公开持有权人以及与权属有关的地块或者财产。

（续）

17.2	• 这些体系应适合特定的情况，包括可用的人力和财力。 • 当地人民和其他具有习惯性权属的社区应在社会文化基础上用适当的方式加以记录。 • 为了确保透明度和与其他信息来源的兼容性，记录体系应与其他空间信息系统一起纳入一个综合框架。 • 无论这些记录是否由国家和公共部门、私营部门以及当地人民和其他具有习惯权属的社区持有，该体系应允许整合所有的权属权利记录。 • 如果无法记录当地人民和其他具有习惯性权属的社区或非正式定居点的职业的权属，则应注意防止在这些地区记录相互竞争的权利。
17.3	• 每个人都应该能够不受歧视地记录其权属权利。 • 在适当的情况下，各机构应提供服务中心或移动办公室，以改善获取登记的机会，特别是针对弱势群体的服务。 • 应考虑让当地的专业人员，如律师、公证人、测量员和社会科学家，帮助公众了解提供有关权属权利的信息。
17.4	• 程序应简化，并应使用适合当地的技术，以减少提供服务的时间和成本。 • 地块和其他空间单位的空间精度应足以满足当地的需要，如有需要，可随时提高。 • 有关权属权利所有人和空间单位的信息应当联系起来。 • 记录应按空间单位和持有人编制索引，以便识别相互竞争的权属权利。 • 应共享权属权利记录，以便国家机构和地方政府改进其服务。 • 应按照国家标准共享信息，同时应包括关于权属权利的分类数据。
17.5	• 任何人应易于获取关于权属权利的信息。 • 关于权属权利的信息共享应受到隐私限制，但这些限制不应不必要地阻止公众对腐败和非法交易行为的审查。 • 应通过公布服务请求的流程、要求、费用和任何豁免以及回应的最后期限来防止腐败。

第 7 节是关于在首次分配或承认权属权利的情况下应适用的保障措施。它解决了记录的创建，即首次登记。

7.1	• 各国在承认或分配权属权利时，应建立相应的保障措施，避免侵犯或消灭他人的权属权利，包括目前不受法律保护的合法权属。 • 保障措施应保护拥有附属权属权利（例如集会权）的妇女和弱势群体。
7.3	• 如果国家打算承认或分配权属权利，则应首先确定所有现在拥有权属和权利持有人，不论是否有记录在案。 • 当地人民和其他具有习惯性权属的社区、小农和其他任何可能受到影响的人都应被纳入协商进程（符合第 9.9 段关于当地人民的规定和原则 3B.6 适用于其他社区的规定）。 • 如果人们认为他们的权属权利没有得到确权，国家应该提供诉诸法律的渠道。
7.4	• 各国应确保男女在新的确权中享有同样的权利，并确保这些权利反映在记录中。 • 在可能的情况下，应系统地进行土地权属权利确权和分配，并逐个地区进行，以便为穷人和弱势群体提供充分的机会，使他们的权属权利得到法律确权。 • 应当提供法律支持，特别是向穷人和弱势群体提供法律支持。 • 在最初建立权属记录时，应采用适合当地的办法来提高透明度，包括在土地权属测绘方面。

第 9 节包括当地人民和其他习惯权属制度的社区的一些方面。

9.4	• 国家应规定当地人民和其他社区的合法权属权利。 • 确权应考虑到以下土地、渔业和森林： 　➢ 仅由社区专用； 　➢ 不同社区共享。
9.5	• 各国应考虑调整其政策、法律和组织框架，以便确认具有当地人民和其他具有习惯权属制度的社区的土地权属权利制度。 • 虽然在宪法或法律改革加强妇女权利时会与习俗相冲突，但是所有各方都应合作，以适应习惯权属制度的这种变化。
9.8	• 各国应保护本地人民和其他习惯使用权属制度的社区，防止他人未经授权使用其土地、渔业和森林。各国应通过习惯权属制度保护当地人民和其他社区，防止他人未经许可擅自使用其土地，渔场和森林。 • 虽然社区不反对，但各国应协助正式记录和宣传有关该社区使用和控制的土地、渔场和森林的性质和位置的信息。 • 在正式记录当地人民和其他具有习惯权属制度社区的权属下，应将其与其他公共、私人和社区权属一起记录，以防止相互竞争的权利主张。
9.11	• 各国应尊重和促进当地人民和其他具有习惯使用权属制度的社区使用的习惯性做法，以解决社区内部的权属冲突。所提供这种支持的方式应与国家根据国家和国际法承担的现有义务相一致，并适当考虑到适用的区域和国际文书所规定的自愿承诺。 • 对于多个社区使用的土地、渔场和森林，应加强改进或发展创新解决社区间冲突的手段。

关于公共土地、渔业和森林，第 8 节也有一些相关段落。

8.3	• 有一些公有土地、渔业和森林是由集体使用和管理的（有时称为公地）。集体使用和管理的公有土地、渔场和森林（有时称为公地）。 • 各国应承认和保护这种公有土地、渔场、森林及其相关的集体使用和管理制度，包括在国家分配过程中。
8.4	• 各国应建立和维护可查阅的清单，更新并搜集关于其拥有或控制的土地、渔业和森林的最新权属信息。国应通过建立和维持可获得的清单，努力建立关于其拥有或控制的土地、渔场和森林的最新权属权利信息。 • 这类清单应记录负责行政管理的机构以及，及当地人民和其他实行习惯性实行权属制度类的社区和私营部门所持有的任何合法权属权利。 • 在可能的情况下，各国应确保将公共拥有的权属与当地人民和其他具有习惯权属制度的社区和私有部门的权属权利一起记录在一个单一的记录系统中，或者通过一个共同的框架与之联系在一起。
8.5	• 各国应确定其拥有或控制的土地、渔场和森林中哪些将由公共部门保留和使用，哪些将分配给其他人使用，以及在什么条件下使用。

（续）

8.9	• 各国应以透明、参与性、容易获取和理解的简单程序分配土地权属权利，并将土地权属管理权下放给所有人，特别是当地人民和其他拥有习惯性权属制度的社区。 • 应向所有潜在参与者提供适用语言的信息，包括通过对性别问题敏感的信息。 • 在可能的情况下，各国应确保将新分配的权属权利与其他权属权利记录在一个记录系统中，或通过一个通用框架进行链接。 • 国家和非国家行为者行为人应在权属分配中努力防止腐败。

第 10 节非正式权属权利。

10.1	• 在存在非正式权属权利的情况下，各国应以尊重国家法律规定的现有正式权属权利以及承认现实情况和促进社会发展的方式、经济和环境福利。 • 各国应推动政策和法律的制定，承认这种非正式的权属权利。 • 制定这些政策和法律的过程应该是可参与性的，对性别问题敏感的，并努力为相关社区和个人提供技术和法律支持。 • 各国须承认因大规模移民而出现的非正式权属权利。
10.3	• 只要各国在法律上承认非正式权属权利，就应通过参与性的、对性别问题有敏感认识的过程，尤其是考虑到租户来实现。 • 这些程序应便于获得合法化服务，并将成本降至最低。 • 各国应努力向社区和参与者提供技术和法律支持。
10.4	• 各国应采取措施，限制由于对土地利用的变化、发展的法律和行政要求过于复杂而造成的非正式权属权利。 • 开发要求和流程应清晰、简单并可负担，以有效地减轻合规负担。
10.6	• 在无法从法律上承认非正式权属权利的情况下，各国应防止违反国内法和国际法规定的现有义务的强迫驱逐。

第 21 节也有一些有关解决权利和属地纠纷的条款。

21.1	• 各国应通过公正和主管的司法和行政机构，提供及时、有效、可负担的解决土地权属权利争端的手段。 • 各国还应提供解决争端的替代途径。 • 各国应为争端提供有效的补救办法和上诉权，并应迅速执行补救办法。 • 在初期阶段，无论是在执行机构内部还是外部，都应向所有人提供避免或解决潜在争端的机制。 • 在地点、语言和程序方面，所有性别都应能得到争端解决服务。
21.2	• 各国可考虑： ➢ 设立专门处理权属纠纷的专门法庭或机构； ➢ 在司法当局内设立专家职位，处理技术问题； ➢ 有特别法庭处理有关受管制空间规划、调查和估价的争议。

（续）

21.3	• 各国应加强和发展解决争端的其他形式，特别是在地方一级。 • 如果存在惯例或其他既定的争端解决方式，应规定确保公正、可靠、无障碍和无歧视，迅速解决有关权属权利的争端。
21.4	• 各国可考虑利用执行机构在其技术专长范围内解决争端，例如负责在国家范围内解决单个属地之间边界争端的测量机构。 • 做出书面形式的裁决，以客观推理为依据，并有权向司法机关提出上诉。
21.5	• 各国应努力防止争端解决过程中的腐败。
21.6	• 在提供争端解决机制时，各国应努力向弱势和边缘化的人提供法律援助，以确保所有人都能不受歧视地安全诉诸司法。 • 司法机关和其他机构应确保工作人员具备提供此类服务所需的技能。

特别是，第 17 条（和其他各节）应与第 6 节一起阅读，第 6 节涉及提供服务。

6.1	• 在资源允许的范围内，各机构和司法当局应具备人力、物力、财力和其他形式的能力，以便及时、有效和敏感地执行政策和法律。 • 各级工作人员应接受持续培训。 • 招聘工作人员时应适当考虑确保性别和社会平等。
6.2	• 提供服务应符合一国根据国内法和国际法承担的现有义务，以及根据区域和国际文书做出的自愿承诺。
6.3	• 服务应迅速、方便和无歧视。 • 取消不必要的法律和程序要求。 • 国家应根据需要审查和改进各机构和司法机关的服务。
6.4	• 各机构和司法当局应为全体人民服务，向所有人，包括偏远地区的人们。 • 服务应及时高效，使用适合当地情况的技术来提高效率和可获得性。 • 应制定内部准则，以便员工以可靠和一致的方式执行政策和法律。 • 应简化程序，同时不威胁权属安全和司法质量。 • 解释性材料应以合适的语言广泛宣传，告知人们其权利和责任。
6.5	• 政策和法律应适当促进适当权属信息的共享，供所有人有效使用。 • 应考虑到区域和国际标准，制定共享信息的国家标准。
6.6	• 应该考虑采取其他措施，以支持无法获得服务的脆弱或边缘化群体。 • 这些措施应包括法律支持，例如法律援助，还可能包括律师助理或辅助测量员提供的服务，以及为偏远社区和流动的本地人民提供的移动服务。
6.7	• 相关机构和司法当局应建立基于服务和道德行为的文化。 • 相关机构和司法当局它们应定期寻求反馈，如通过调查和重点小组，以提高标准和改善服务的提供，以满足期望和满足新的需要。 • 他们应该公布绩效标准并定期报告结果。 • 用户应能够在机构内部（例如通过行政审查）或外部（例如通过独立审查或监察员）处理其投诉。

（续）

6.8	• 相关专业协会应实施制定、宣传和监督高水平道德行为准则的实施。 • 公共和私营部门的人员应遵守适用的道德标准，并在违反规定的情况下受到纪律处分。 • 在没有这种类协会的地方，国家应提供有利于其成立的环境。
6.9	• 人人都应努力防止腐败。 • 应采取和执行反腐败措施，包括实行制衡、限制任意使用权力、解决利益冲突和制定明确的规章制度。 • 应当规定对机构的决定进行行政和/或司法审查。 • 在机构工作的员工应该对自己的行为负责。 • 同时，应为工作人员提供有效履行职责的手段。 • 此外，还应保护员工不受干扰，不因举报腐败行为而受到报复。

与准则其他部分的情况一样，第 3 节的原则已纳入这些章节的主流。

一般原则见 3A：	实施原则见 3B：
准则的一般原则 第 3.1 段确定了国家应采取的行动 1. 承认并尊重所有合法的权属持有人及其权利。应采取合理措施，查明、记录和尊重合法的权属持有人及其权利，不论是否正式记录；避免侵犯他人的权属权利；履行与权属有关的义务。 2. 保障合法的土地权属权利不受威胁和侵犯。它们应保护土地权属持有人，使其权属不受任意剥夺，包括不符合国内法和国际法承担的现有义务而强迫驱逐。 3. 便利便捷地促进享有合法的权属。它们应采取积极措施，促进充分实现权属或与权利进行交易，例如确保人人都能获得服务。 4. 为处理侵犯合法权属的行为提供司法途径。它们应通过司法机关或其他途径，为所有人提供有效和方便的手段，以解决有关权属的争议；并提供有效和迅速的执行结果。如果土地权属被用于公共目的，国家应提供及时、公正的补偿。 5. 防止土地权属纠纷、暴力冲突和腐败。要积极采取措施，防止土地使用权纠纷的产生和升级为暴力冲突。它们应努力防止一切形式、各级和各种环境下的腐败。	准则的执行原则 1. 人的尊严：承认所有人的固有尊严以及平等和不可剥夺的人权。 2. 不歧视：应该认识到法律和政策以及实践中任何人都不应受到歧视。 3. 公平与正义：认识到人与人之间的平等可能需要承认人与人之间的差异，并采取包括赋权在内的积极行动，以便在全国范围内促进所有男性女性、青年、弱势人群和传统上被边缘化的人群平等地拥有权属权利和获得土地、渔业和森林资源的机会。 4. 性别平等：确保男女平等享有所有人权的权利，同时承认男女之间的差异，并在必要时采取具体措施，加速事实上的平等。各国应确保妇女和女孩享有平等的权属，并享有独立于其公民和婚姻状况的土地、渔场和森林。 5. 全面且可持续的办法：认识到自然资源及其使用是相互关联的，并对其管理采取全面且可持续的办法。 6. 协商和参与：在做出决定之前，与拥有合法权属、可能受到决策影响的人接触并寻求他们的支持，并对他们的贡献做出回应；考虑到各方现有的权力不平衡，确保个人和团体积极、自由、有效、有意义的在相关决策过程中的知情参与。 7. 法治：通过适用以语言广泛宣传，适用所有人，平等执行和独立裁决的法律，采取基于规则的方法，使其符合国内和国际法规定的现有义务，并适当考虑根据适用的区域和国际文书做出的自愿承诺。

（续）

一般原则见 3A：	实施原则见 3B：
第 3.2 段确定了非国家行为者在尊重人权和合法权属的责任范围内应采取的一系列行动。	8. 透明度：以合适的语言清楚地定义和广泛宣传的政策、法律和程序，以及任何形式的决策，所有人均可使用。 9. 问责制：要求个人、公共机构和非国家行为者根据法治原则对其行为和决定负责。 10. 持续改进：改进权属权利管理的监测和分析机制，以便制定以证据为基础的方案，并确保不断改进。

权属治理技术指南

FAO. 2013. *Governing land for women and men: a technical guide to support the achievement of responsible gender-equitable governance of land tenure.* Governance of tenure technical guide No. 1. Rome.

FAO. 2013. *Improving governance of forest tenure: a practical guide.* Governance of tenure technical guide No. 2. Rome.

FAO. 2014. *Respecting free, prior and informed consent: practical guidance for governments, companies, NGOs, indigenous peoples and local communities in relation to land acquisition.* Governance of tenure technical guide No. 3. Rome.

FAO. 2015. *Safeguarding land tenure rights in the context of agricultural investment: a technical guide on safeguarding land tenure rights in line with the Voluntary Guidelines for the Responsible Governance of Tenure of Land, Fisheries and Forests in the Context of National Food Security, for government authorities involved in* the promotion, approval and monitoring of agricultural investments. Governance of tenure technical guide No. 4. Rome.

FAO. 2016. *Responsible governance of tenure and the law: a guide for lawyers and other legal service providers.* Governance of tenure technical guide No. 5. Rome.

FAO. 2016. *Improving governance of pastoral lands: implementing the Voluntary Guidelines on the Responsible Governance of Tenure of Land, Fisheries and Forests in the Context of National Food Security.* Governance of tenure technical guide No. 6. Rome.

FAO. 2016. *Responsible governance of tenure: a technical guide for investors.* Governance of tenure technical guide No. 7. Rome.

FAO. 2016. *Governing tenure rights to commons: a guide to support the implementation of the Voluntary Guidelines on the Responsible Governance of Tenure of Land, Fisheries and Forests in the Context of National Food Security.* Governance of tenure technical guide No. 8. Rome.

FAO. 2017. *Creating a system to record tenure rights and first registration.* Governance of tenure technical guide No. 9. Rome.

FAO. 2017. *Improving ways to record tenure rights.* Governance of tenure technical guide No. 10. Rome.

图书在版编目（CIP）数据

权属权利记录的改进指南／联合国粮食及农业组织
编著；李哲敏等译 . —北京：中国农业出版社，
2021.10
（FAO 中文出版计划项目丛书）
ISBN 978-7-109-28195-0

Ⅰ.①权…　Ⅱ.①联…②李…　Ⅲ.①农业资源—所
有权—研究　Ⅳ.①F303.4

中国版本图书馆 CIP 数据核字（2021）第 095647 号

著作权合同登记号：图字 01-2021-2257 号

权属权利记录的改进指南
QUANSHU QUANLI JILU DE GAIJIN ZHINAN

中国农业出版社出版
地址：北京市朝阳区麦子店街 18 号楼
邮编：100125
责任编辑：郑　君　吴丽婷
版式设计：王　晨　　责任校对：吴丽婷
印刷：北京中兴印刷有限公司
版次：2021 年 10 月第 1 版
印次：2021 年 10 月北京第 1 次印刷
发行：新华书店北京发行所
开本：700mm×1000mm　1/16
印张：6.5
字数：160 千字
定价：49.00 元